LA NEF DES FOUS

* *

Du même auteur

Aux éditions Bouquins

La Danse des simulacres. Une philosophie du goût,
coll. « Bouquins », 2019
La Nef des fous. Journal du Bas-Empire,
Bouquins, essai, 2021
Vies philosophiques, coll. « Bouquins », 2021
L'Art d'être français, Bouquins, essai, 2021
La Conversion. Vivre selon Lucrèce,
Bouquins, essai (coédition Mollat), 2021

Aux éditions Robert Laffont

Le Deuil de la mélancolie, 2016
Théorie de la dictature, 2019
Le Temps de l'étoile polaire. Journal hédoniste, 2019
La Vengeance du pangolin, 2020
Vies parallèles. De Gaulle et Mitterrand, 2020

MICHEL ONFRAY

LA NEF DES FOUS

* *

Des nouvelles du Bas-Empire

Année 2021

BOUQUINS

essai

92, avenue de France 75013 Paris
ISBN : 978-2-38292-149-4
Dépôt légal : février 2022

AVANT-PROPOS
Nous autres civilisations
Signes de la décadence

1

On a beau jeu d'ennuyer les bacheliers avec cette citation célèbre de Paul Valéry : « Nous autres, civilisations, nous savons maintenant que nous sommes mortelles » puisque nous n'en examinons jamais les conséquences et n'en tirons pas les conclusions !

Car, si notre civilisation est mortelle, combien de temps lui reste-t-il à vivre ? Plus personne ne croit qu'elle en soit à sa jeunesse, à son adolescence, ni même à son âge mûr. Est-elle dans une vieillesse encore productive ou dans ce temps où la flamme de la chandelle vacille, s'amincit, s'amoindrit avant extinction et disparition ? Existe-t-il des signes de décrépitude, de sénescence, sinon de sénilité ?

Je réponds oui : notre époque en regorge, le second volume de cette *Nef des fous*, qui n'est pas sans raison sous-titrée *Des nouvelles du Bas-Empire*, les pointe, les narre, les raconte avec juste l'ironie nécessaire en temps de détresse.

Penser la décadence a toujours été présenté par la gauche avant même toute conclusion comme un questionnement de droite ! Et ce pour une raison bien simple : la gauche hérite puissamment du schéma judéo-chrétien qu'elle reprend formellement à son compte. Elle croit à une flèche du temps qui va vers un progrès infini au bout duquel se trouve la parousie pour les chrétiens, le retour du Christ sur Terre pour un règne sans fin, le communisme pour la gauche marxiste. Le philosophe maoïste Alain Badiou n'a pas écrit sans de bonnes raisons un livre sur saint Paul !

Le christianisme abolit la lecture millénaire du temps cyclique qui affirmait l'éternel retour des choses. Anaximandre de Milet, Empédocle d'Agrigente, Pythagore, Archytas de Tarente, Héraclite d'Éphèse et les stoïciens, plus précisément Chrysippe, Zénon, mais aussi l'épicurien Lucrèce souscrivent à cette thèse. Dans cette configuration, la sagesse consiste à connaître cette loi de la nature et à y consentir, ce qui génère la joie.

Le christianisme remplace le cercle de l'éternel retour par la flèche de la parousie. Il y a un passé derrière nous, le présent se trouve là où nous sommes, le futur devant nous. Le passé, ce fut le paradis aboli par la faute du péché originel ; le présent, c'est notre vie peccamineuse dans le mal que peut abolir la conversion, la vie chrétienne et la foi en Dieu qui assure dans un futur rédimé où l'homme, racheté par la foi, connaît le paradis.

Le marxisme reprend ce schéma formel, le vide et le remplit avec un contenu laïc qui apparaît comme un christianisme dégradé, *immanentisé* si je puis me permettre le néologisme : le péché originel, c'est la propriété privée cause de toute négativité ; le salut qui est la parole du Christ fils de Dieu, c'est la parole de Lénine, fils spirituel de Marx ; la rédemption du péché originel qui est propriété privée, c'est le socialisme et le communisme ; le jugement dernier de la fin des temps, c'est le tribunal de l'histoire qui réalise l'Homme total voulu par Marx. Rappelons que l'« Homme nouveau » présenté comme l'horizon du marxisme-léninisme est une expression de saint Paul... Dans cette configuration, le libre arbitre devient la liberté ; l'abolition des races et des sexes devant le Christ chez saint Paul, l'égalité ; l'universalisme paulinien, l'ecclésia, la fraternité.

Ce catéchisme progressiste immanentisé dispose de son évangéliste : Condorcet, qui, dans son *Esquisse d'un tableau historique des progrès de l'esprit humain*, estime que la flèche du temps conduit vers une humanité réalisée : dans la dixième époque de sa fiction progressiste, Condorcet imagine la fin des inégalités, de la stupidité, de la misère, de l'esclavage, de la religion, des superstitions, de la tyrannie, de l'hypocrisie, de l'inégalité des sexes, du colonialisme, des guerres, du vol, et d'incroyables progrès en science, en art, en intelligence, en technique, ce sera le règne de la prospérité, la vérité sera facile et l'erreur impossible, il n'y aura plus qu'une seule langue sur la planète, la maladie disparaîtra, la durée de la vie connaîtra une «étendue illimitée», la mort sera «un accident extraordinaire» – n'est-ce pas là le projet transhumaniste ?

Le livre paraît en 1795 de façon posthume – les jacobins «progressistes» le pourchassant, il s'est suicidé pour échapper à leur échafaud, leur façon à eux de rédimer, de sauver l'humanité par le sacrifice et le sang versé...

Qui dira, deux siècles plus tard, que l'histoire a donné raison à ce genre de discours progressiste ? Fin des religions et des superstitions ? Fin des guerres et des vols ? Fin des langues et fin de la misère ? Fin de l'hypocrisie et de la méchanceté ? Fin de la tyrannie et des inégalités ? Mais plus encore : fin de la stupidité, ce qui s'avère peut-être la plus grosse stupidité qui soit ! Nous en sommes loin et, à toute conscience lucide, il paraît bien plutôt qu'on prend le chemin inverse.

Quand le réel donne tort aux progressistes, c'est le réel qui a tort, ils changent donc de réel, c'est la raison généalogique de l'idéologie. D'où leur passion pour les idées, les concepts, la rhétorique, la sophistique, la dialectique qui permet de dire que le blanc est noir et noir le blanc si besoin est pour entretenir la fiction de leur idéologie.

2

Revenons donc à cette phrase : « Nous autres, civilisations, nous savons maintenant que nous sommes mortelles. »

Valéry publie ce texte constitué de deux lettres, en anglais, à Londres, dans une revue qui a pour nom *Athenaeum*, en avril 1919. Il est repris tel quel dans *La NRF* le 1er août de la même année. Le texte connaît une troisième vie une fois repris dans un volume, *Variété*, publié chez Gallimard en 1924.

Chacun comprend le contexte : c'est à l'issue de la Première Guerre mondiale qui a fait des millions de morts de part et d'autre du Rhin, mais en Europe, que le penseur rédige ces notes d'une incroyable densité. Il parle au pluriel : il entretient non pas de *la* civilisation, mais *des* civilisations. Et il pose un diagnostic clair : les civilisations ne sont pas mourantes ou mortes, mais mortelles. D'où l'intérêt de faire le nécessaire pour qu'elles ne meurent pas – si c'est encore possible.

Sur ce conflit, Bergson s'est particulièrement illustré en écrivant : « La lutte engagée contre l'Allemagne est la lutte même de la civilisation contre la barbarie. » Ce *Discours à l'Académie des sciences morales et politiques* lu le 8 août 1914 relevait moins de la réflexion nuancée que de la mobilisation générale, c'est l'entrée de la philosophie dans la guerre – ou de la guerre dans la philosophie. Il y aura d'autres discours du même Bergson, tous iront dans le même sens. Les membres du jury du prix Nobel s'en sont souvenus en 1927.

L'intelligence de Valéry ne porte pas le képi ; elle pense. Ces deux lettres sont groupées sous le titre *La Crise de l'esprit.* Nous ne sommes plus dans Civilisation gauloise contre Barbarie teutonne mais dans l'analyse horlogère du mécanisme des civilisations.

Certes, chez Paul Valéry, il faut écarter les fumées, le sfumato, le brouillard, la brume, les vapeurs. Dans ses essais, il reste poète et pas un poète des plus accessibles. Retenons deux choses : une méditation sur ce qu'est l'Europe et sur ce qu'elle peut devenir. Une question les relie : « L'Europe deviendra-t-elle *ce qu'elle est en réalité,* c'est-à-dire : un petit cap du continent asiatique ? Ou bien l'Europe restera-t-elle *ce qu'elle paraît,* c'est-à-dire : la partie précieuse de l'univers terrestre, la perle de la sphère, le cerveau d'un vaste corps ? » À le lire, on comprend qu'il a déjà tranché : l'Europe n'est qu'un appendice de l'Asie, elle se prend, dit-il avec une ironie brutale, pour ce qu'elle n'est pas, à savoir le centre du monde. S'il faut le dire clairement : l'Europe est la queue du gros animal asiatique, autrement dit, une quantité négligeable.

Valéry précise ce qu'est pour lui « la psyché européenne » : « l'avidité active, la curiosité ardente et désintéressée, un heureux mélange de l'imagination et de la rigueur logique, un certain scepticisme non pessimiste, un mysticisme non résigné... ». Mais tout cela est déjà mort, affirme le poète plus que le penseur.

Car le penseur devrait argumenter là où le poète croit créer le réel avec ses seuls mots. Certes, l'image de l'Europe « petit cap du continent asiatique » saisit son lecteur. Dire que l'Europe va périr par la Chine, pourquoi pas. Mais dire qu'elle fut par la Chine, cela reste à démontrer ! Valéry lui-même fait de l'invention de la géométrie l'un des signes du génie européen tout en prenant soin de préciser que ni l'Égypte, ni l'Inde, ni la Chaldée, ni... la Chine n'y étaient parvenues. Comment l'Europe pourrait-elle tirer sa puissance d'un continent qui n'eut pas ladite puissance ?

Le destin de l'Europe est de mourir, c'est une évidence, mais sûrement pas comme cap de l'Asie !

3

L'Europe va mourir comme une vieille civilisation qu'elle est parce qu'elle a rendu possible une autre civilisation qui en procède et qui a pour objectif avoué d'en finir avec elle. Il se fait, c'est dans la nature des choses, que la vieille civilisation, épuisée, exsangue, accablée, menacée de l'intérieur et de l'extérieur, ne fait pas le poids contre la vitalité brutale de la nouvelle. Le vieux lion qui fut animal dominant apparaît aujourd'hui époilé et édenté. Il a fait son temps, il va succomber.

La tectonique des plaques civilisationnelles a en effet rendu possible la dérive d'une autre terre qui vit sa vie. L'Europe a vu s'éloigner d'elle d'abord les États-Unis puis ce qui constitue l'Occident anglo-saxon, l'Australie, la Nouvelle-Zélande.

Ce Néo-Nouveau Monde affirme une différence fondamentale avec le continent européen sur les terrains intellectuels, culturels, ontologiques, philosophiques, théologiques, spirituels, esthétiques. L'Europe procède de la civilisation gréco-romaine puis de la civilisation judéo-chrétienne. C'est dire que, de Homère qui l'accouche à Soljenitsyne qui accompagne son ensevelissement, elle accuse presque trois mille ans d'existence. En face, nonobstant les Indiens d'Amérique, les États-Unis sont aussi vieux que le château de Versailles. C'est dire l'enfance de cette civilisation…

Dans ses *Leçons sur la philosophie de l'histoire*, Hegel formule l'hypothèse que les civilisations obéissent à un même schéma morphologique : naissance, croissance, acmé, décroissance, décadence, sénescence et disparition avant remplacement par une autre qui procède de la précédente. Assur, Sumer, Babylone, l'Égypte, la Grèce, Rome, l'Europe se sont succédé. *Quid* après l'Europe ? Entre 1822 et 1830, le philosophe allemand prédit : la Russie ou l'Amérique !

La Russie a gâché ses chances en devenant soviétique en 1917 et en le restant jusqu'en 1992. Qu'a-t-elle inventé qui soit utile de façon planétaire pendant plus de sept décennies de pouvoir absolu ? Rien. Tout à son goulag, à ses barbelés, à sa police politique, à son armée, elle n'a rien produit d'autre que du sang et des larmes.

En face, qu'ont inventé les États-Unis qui se soit trouvé repris par la planète entière ? la moissonneuse en 1831, le revolver, la machine à écrire, le télégraphe, le téléphone, la lampe électrique, le tracteur, l'automobile en série, le poste de radio, le réfrigérateur parmi tant d'autres appareils ménagers, l'autoradio, la télévision en 1926, la fusée à propulsion liquide, l'avion de ligne, le micro-ondes, l'ordinateur en 1946, la bombe atomique, la conquête spatiale, le magnétoscope, le satellite, le microprocesseur, le téléphone mobile, l'appareil photo numérique, l'ordinateur portable, l'avion furtif en 1981. Aujourd'hui, les Gafam formatent, dominent et possèdent le monde.

L'Europe ne va donc pas finir en petit cap du continent asiatique mais en voiture balai de la caravane américaine. Nous y sommes...

4

Ce deuxième volume de *La Nef des fous* rapporte les symptômes de cette vassalisation culturelle, intellectuelle et politique. Ce recueil d'anecdotes notées au jour le jour ressemble au bulletin de santé d'un vieillard qui s'en va vers son trépas. Boutons, rougeurs, plaies, escarres, nécroses, ulcères, purulences, croûtes, puanteurs, l'Europe est un mort-vivant sur lequel on crache, dont on rit et se moque, qu'on gifle et moleste. Une grande partie des Européens eux-mêmes, rattrapés par la pathologie de la haine de soi, un évident signe de décadence, s'en donnent à cœur joie de profaner le mourant et n'aspirent qu'à l'achever.

Que faut-il retenir de cette année 2021 ?

Rien qui ne se soit déjà trouvé dans l'année précédente, rien qui ne se retrouvera dans l'année suivante.

Voici un inventaire à la Prévert : mise au rebut des statues des grands hommes de l'histoire occidentale ; révélation sur le passé pédophile et incestueux de pontes de la gauche dite morale ; censures planétaires de paroles subversives par les Gafam ; autocensure des enseignants qui craignent les coups et la mort sous prétexte d'islamophobie ; haine des classiques et des chefs-d'œuvre de la littérature sous prétexte qu'ils regorgent de stéréotypes racistes, sexistes, misogynes, phallocrates, xénophobes ; même censure avec *Astérix*, *Tintin*, *Babar* ou *Dix petits nègres* ; matraquage LGBT+ dans les écoles, les trains, les avions, la publicité, la télévision, le cinéma ; transformation des violences faites aux policiers en violences policières ; instauration raciste de quotas de couleurs à la télévision, au cinéma, dans les orchestres; récompenses sonnantes et trébuchantes pour les journalistes qui, sur le service public, assurent la propagande woke; invitation à décoloniser la science, marre de Galilée, Newton, Darwin et Einstein qui propagent une science blanche; tyrannie des enfants qui donnent des leçons politiquement correctes aux adultes; quitus donnés aux enfants qui se disent transgenres dès l'âge de quatre ans; endoctrinement LGBT+ des enfants dès l'école primaire; ravage de l'islamo-gauchisme dont les islamo-gauchistes disent qu'il n'existe pas; sélection des professeurs non plus sur leur savoir, mais sur leur soumission au wokisme; libération de la parole sur l'incroyable complicité du gauchisme culturel avec la pédophilie; célébration d'une femme noire qui joue le rôle d'un chef viking blanc dans une série; *idem* avec une pièce de théâtre dans laquelle le rôle de Robespierre est tenu par une femme; impunité des rappeurs, dont Tariq Ramadan, qui invitent au meurtre y compris de tel ou tel nommément – je songe à Éric Zemmour; subvention de la propagande woke par l'argent du contribuable dans le service public; ravage de l'orthographe, destruction de l'écriture avec l'écriture inclusive et des néologismes genre « iel » avalisés par le dictionnaire Robert et le silence l'Académie française; autodafés dans les universités qui revendiquent l'épuration éthique en brûlant publiquement des livres ; rééducation des Blancs coupables de férocité du fait de leur couleur de peau et de leurs gènes, puis sujétion de certains d'entre eux à ces impératifs racialistes donc racistes ; invitation des écologistes à aimer les « animaux liminaires » que sont rats, puces et punaises de lit ; furie punitive de ces mêmes écologistes contre Noël, les sapins, les bateaux à voile assimilés à des bateaux à moteur, les avions, les piscines, les hommes non déconstruits, autrement dit : qui ne renoncent pas à leur masculinité ; profession de foi wokiste du pape ; éloge d'un violeur présenté comme une victime dans *Libération* le Jour des femmes, le tout en écriture inclusive ; spectacularisation de vagins qui monologuent faute de pouvoir dialoguer ; prolifération du racisme anti-Blancs avec réunions qui leur sont interdites, ce qui définit l'apartheid ; internationalisation du ridicule wokiste français lors de la cérémonie crapoteuse des césars ; célébration néoféministe de la décapitation de Jean le Baptiste par Salomé ; jugements de cour antisémites chez des juges contaminés par l'islamo-gauchisme ; déclaration décolonialiste de la part du président de la République Emmanuel Macron ; déclaration contre le décolonialisme de la part du même président de la République ; confiscation de l'antifascisme par le gauchisme et les black blocs ; invitation due à une syndicaliste de gauche à « gazer les Blancs » ; avilissement du féminisme par sa réduction à l'éloge du poil sous les aisselles et sur les jambes ;

célébration de la saleté et de la crasse pour sauver la planète chez les bobos américains ; ordres donnés par la hiérarchie policière de ne pas poursuivre les délinquants ; production de discours universitaires contre « la blanchité alimentaire » (la cuisine française est raciste, fasciste, xénophobe, misogyne, phallocrate, sexiste, etc.) et contre la « pétro-masculinité » qui associe la civilisation du pétrole au machisme ; compassion pour ceux qui recourent à la chirurgie pour changer de race ; préférences écologistes et féministes pour les sorcières contre la rationalité occidentale ; négation de la physiologie de sportifs nés hommes devenus femmes dont la masse squelettique et musculaire crée des inégalités avec les femmes nées femmes ; déclarations d'amour à l'Algérie qui ne perd pas une occasion de dire à la France qu'elle est son ennemi rabique héréditaire ; promotion d'un scientifique chroniqueur sur le service public après qu'il a été convaincu de plagiat ; badigeonnage des voitures de police avec les couleurs du drapeau LGBT+ ; enchères obscènes pour un kleenex de footballeur ou les chaussures d'un basketteur ; éviction de musiciens blancs d'orchestres classiques pour les remplacer par des gens de couleur ; campagne de publicité initiée par la communauté européenne pour faire l'éloge du voile islamique payée par l'argent du contribuable ; répression judiciaire féroce des Gilets jaunes doublée d'un laxisme en faveur des racailles affranchies des lois de la République – dont celles du confinement; soldes monstres le jour du *Black Friday* pour le commerce d'ovules, de spermatozoïdes et d'enfants; cogitations des patrons du sport mondial pour savoir si la trottinette doit devenir une épreuve du pentathlon; haine de Noël, de ses sapins, de ses crèches et de ses fêtes; constat enfin que dix pour cent des Français croient que la Terre est plate…

N'en jetez plus la cour est pleine.

Pour l'année précédente, j'avais également listé les nouvelles du Bas-Empire. On me permettra de me citer : « une petite fille de huit ans qui veut changer de sexe depuis l'âge de quatre ans; des égorgeurs présentés comme de pauvres victimes par les journalistes parisiens; une jeune fille qui ne va plus à l'école, prophétise la catastrophe climatologique et dont le clergé de son pays nous dit qu'elle est le Christ; une dramaturge de couleur qui interdit aux critiques blancs de rendre compte de son spectacle sous prétexte qu'ils poursuivraient l'œuvre colonialiste; des femmes qui vendent des enfants pendant que d'autres les achètent; l'Église catholique qui court après les modes du politiquement correct à perdre haleine; le journal *Libération* qui se dit progressiste en célébrant la coprophagie et la zoophilie; une féministe québécoise qui souhaite la vasectomie des hommes dès l'âge de dix-huit ans; des végans qui militent contre les chiens d'aveugles; une anthropologue qui trouve qu'il y a trop de dinosaures mâles et pas assez de femelles dans les musées ; des pédophiles qui achètent des viols d'enfants en direct sur le Net ; un Tour de France qui commence au Danemark et un Paris-Dakar qui se déroule en Amérique du Sud ; un parfum élaboré par une femme à partir des odeurs de son sexe ; un chef de l'État qui, entre autres sorties, se félicite que ses ministres soient des amateurs ; *Le Monde* qui estime "ravageuse" d'audace une mise en scène théâtrale qui présente Lucien de Rubempré en femme ; le pape et Tariq Ramadan pour qui le coronavirus est une punition divine ; des députés qui légalisent l'assassinat des enfants dans le ventre de leur mère jusqu'à l'âge de neuf mois pour des motifs de convenance personnelle ; une universitaire militante noire qui finit par avouer qu'elle était juive et blanche ; des gynécologues noirs qui établissent des listes de leurs confrères de couleur afin que des Blancs ne salissent pas leurs femmes avec leurs mains ontologiquement sales ; un artiste qui met des cache-sexe à ses statues lors d'une journée du Patrimoine afin de ne pas choquer les visiteurs dans un musée ; un Premier ministre tancé sur les réseaux dits sociaux pour avoir utilisé la formule "Dieu merci" ; une femme écrivain qui a décidé de ne plus lire un seul livre écrit par des hommes ; des néoféministes qui veulent remplacer "hommage" par "femmage" et "patrimoine" par "matrimoine" ; des députés macroniens qui souhaitent remplacer le cerf dans les chasses à courre par des robots; une femme enlevée par des terroristes islamistes qui, après avoir été libérée par l'État français, son argent et ses commandos, sa diplomatie et ses tractations, dit le plus grand bien de ses geôliers; un ministre de l'Intérieur qui estime que la cuisine bretonne est communautaire au même titre que celle des juifs ou des musulmans; une théologienne septuagénaire mariée et mère de famille qui postule pour être évêque de Lyon – "primate des Gaules", dit même son fils; un rôle d'homme au cinéma tenu par une femme; un ministre de l'Intérieur qui invite à jeter le code civil à la poubelle au nom de l'émotion; le même qui, bien que déjà à plat ventre, propose de mettre un genou à terre; une élue écologiste plus soucieuse de la vie des sapins de Noël que de celle d'un professeur décapité par un islamiste; une grande roue de Noël sciemment installée sur la place publique tout en sachant qu'elle serait interdite d'accès; un vieux généticien bavard avouant qu'il va fêter Noël en juin; un footballeur noir qui ne crache pas sur un Blanc puisque sa salive est partie toute seule »...

Qui dira que notre époque marche sur la tête passera aux yeux des médias du système pour un conservateur, un réactionnaire, un homme de droite, donc un homme d'extrême droite, c'est-à-dire un pétainiste, un vichyste, un nazi... D'accord, entendu, c'est bien connu. La meilleure façon de ne pas penser c'est de criminaliser le penseur.

La démocratie athénienne n'a pas par hasard condamné Socrate à mort, il avait le tort de ne pas bêler avec les moutons.

Cette liste terrible des bêtises, des sottises, des furies, des âneries, des stupidités, des fadaises, des sornettes, des inanités, des imbécillités, des idioties, des niaiseries, des absurdités, des aberrations, des énormités, des extravagances, des frasques, des folies, des fariboles de notre époque fonctionne comme une série de points d'une toile pointilliste. Mais quel en est le motif?

5

Cette peinture est une croûte woke. Quelle est l'architecture de cette pensée et de cette culture de l'effacement qui l'accompagne?

C'est très exactement celle qui constitue le totalitarisme raconté par Orwell dans *1984.* Dans *Théorie de la dictature,* qui analyse l'œuvre politique libertaire du romancier anglais, je m'étais demandé ce qui permettait aujourd'hui d'instaurer une dictature d'un type nouveau. J'avais alors répondu : détruire la liberté; appauvrir la langue; abolir la vérité; supprimer l'histoire; nier la nature; propager la haine; aspirer à l'Empire. Qui dira que nous n'y sommes pas?

Car rien n'est plus en péril aujourd'hui que la *liberté* : liberté de penser, de communiquer, de s'exprimer, de dialoguer, d'échanger, de manifester son opinion, d'être informé, de publier, de conférencer; liberté d'enseigner les vérités scientifiques ou les piliers de la civilisation occidentale quand ils contredisent les articles de la foi musulmane; liberté d'être mécréant, dans certains endroits où la république a disparu : liberté d'être juif, liberté d'enseigner les classiques chargés de tous les maux du monde, liberté de dialoguer entre hommes et femmes, entre Blancs et non-Blancs, entre hétérosexuels et altersexuels.

La *langue* est dans un mauvais état : écriture inclusive, validation de ces folies par le Robert, silence de l'Académie française sur l'intégration de « iel » dans le dictionnaire, appauvrissement de la langue par la réduction du lexique, fautes en quantité dans les journaux et les bandes passantes des chaînes d'information en continu, niveau d'oralité nullissime chez les journalistes, les politiciens ou les éditorialistes patentés desdites chaînes d'info, confusion entre « qu'il » et « qui », professeurs qui refusent d'enseigner les règles de grammaire qu'ils estiment sexistes, glissement des missions de l'école de l'instruction publique à l'idéologisation woke, y compris LGBT+, réécriture des classiques, production d'une indigente littérature jeunesse, épuration éthique et autodafés dans les bibliothèques, culte rendu à une production livresque de propagande.

La *vérité* n'existe plus, noyée sous les avis, les opinions, les jugements, les commentaires sentencieux de n'importe qui sur n'importe quoi : l'expertise a disparu et, au nom d'une prétendue égalité, le premier péquin venu peut donner son avis sur un sujet qu'il n'aura jamais travaillé mais dont il estime ne pas voir pour quelles raisons lui non plus ne donnerait pas son jugement ! Des réanimateurs, urgentistes, infectiologues, urologues ayant obtenu leur rond de serviette sur les plateaux des chaînes d'info à la faveur du covid donnent désormais leur avis sur l'emballage de l'Arc de Triomphe par Christo ou les menaces que la Chine fait peser sur Taïwan. Ils côtoient certains éditorialistes qui ne déculent pas de leurs sièges même si certains ont parfois été condamnés par la justice…

La suppression de l'*histoire* s'ensuit. Plus besoin d'expertise puisque chacun peut s'autoriser de lui-même pour donner son avis sur tous les épisodes de l'histoire mondiale. Véronique Genest peut bien renvoyer fort justement au massacre de l'Hindou Kouch qui a permis à des musulmans de massacrer quatre-vingts millions d'hindous d'Afghanistan entre l'an 1000 et le XVIe siècle, elle se fait traiter de menteuse par Aymeric Caron qui ne recule pas devant le négationnisme le plus éhonté en la matière sur le plateau d'*On n'est pas couchés* de Laurent Ruquier – ce qui est vite dit… Ce qui s'avère le plus grand génocide de la planète à cette heure n'a pas droit de cité parce que les musulmans y sont les génocidaires.

On peut également formuler l'hypothèse que le génocide des Arméniens chrétiens par les musulmans turcs au début du XXe siècle bénéficie d'un même traitement de défaveur tant l'absence de publicité qui lui est faite ne cesse d'interroger une conscience libre…

L'histoire de la traite des Noirs par les musulmans est également passée sous silence parce qu'il faut mettre en évidence la seule traite négrière occidentale pour culpabiliser les Blancs. Quand, avec sa loi du 21 mai 2001, Christiane Taubira obtient que la Traite négrière soit un crime contre l'humanité, elle obtient que la traite des Noirs par les musulmans et la traite des Noirs par les Noirs[1] soient passées sous silence au motif qu'il fallait que les «jeunes Arabes […] ne portent pas sur leur dos tout le poids de l'héritage des méfaits des Arabes». Sans commentaire…

La négation de la *nature* est également un grand classique woke : pas d'hommes et pas de femmes, mais les hommes exploitent les femmes avec la misogynie, la phallocratie et le patriarcat; pas de Blancs et de Noirs, mais les Blancs manifestent à l'endroit des Noirs une «férocité blanche»

1. Cf. Appendice 2 sur le livre d'Alain Pétré-Grenouilleau.

génétique contre laquelle ils ne peuvent rien et qui les condamnent et les accablent éternellement quoi qu'ils fassent du simple fait qu'ils sont blancs; pas d'hétérosexuels et pas d'homosexuels, mais les hommes hétérosexuels blancs imposent la norme du « phallogocentrisme », *dixit* Derrida et ses disciples intersectionnels, et il faut abolir cette domination plurimillénaire – voilà pour quelles raisons il faut « un homme déconstruit » ; pas d'adultes et pas d'enfants, mais, de Greta Thunberg aux publicités dans lesquelles les progénitures font la leçon écologiste à leurs géniteurs, en passant par les enfants de huit ans qui veulent changer de sexe depuis l'âge de quatre ans devant lesquels les adultes se prosternent, c'est l'enfant neuf et vivifiant qui doit guider le vieil homme blanc.

Nombre de végans urbains ignorent que les animaux domestiques justement ont été domestiqués et que, remis tels quels dans la nature en ayant perdu depuis des milliers d'années tout ce qui faisait la sauvagerie avec laquelle ils pouvaient vivre dans la nature, ils mourraient dans les semaines qui suivent. Qu'un chihuahua lâché dans la forêt se ferait dévorer par un renard. Qu'un félin en cage remis dans la savane se ferait lui aussi mettre en pièces par ses congénères restés sauvages. Qu'un pur-sang anglo-arabe renvoyé dans son désert y mourrait de faim en un rien de temps. Etc. Interdire les animaux domestiques, ouvrir les zoos, proscrire les courses de chevaux, prohiber les élevages d'animaux de boucherie, c'est envoyer à la mort des animaux qui, dans la logique de la prédation, perdraient la vie au plus vite sous les griffes et crocs de leurs congénères.

Cette négation de la nature va hélas plus loin. Tuer aujourd'hui un chaton en le jetant contre un mur puis diffuser une vidéo de son forfait déclenche une bronca planétaire sur la toile et envoie directement son auteur en prison alors que toute la gauche réunie – communistes, France insoumise, socialistes, macronistes – vote entre le 30 juillet et le 1er août 2020 une loi qui permet, pour des raisons psychosociales, d'avorter d'un enfant de neuf mois sous prétexte qu'il n'est plus un projet ou que ce projet a trouvé plus projet que lui – un divorce, une séparation, une perte d'emploi, une déprime, une mutation, qu'est-ce qu'une raison psychosociale sinon ? qui justifie la mort après homicide infligé par un médecin dans le ventre de la mère et l'avortement de l'enfant extrait du ventre de sa mère en morceaux de chair humaine. Fort heureusement le Sénat n'a pas suivi cette gauche-là, le projet est resté lettre morte, mais, n'en doutons pas, c'est partie remise.

Quant à la propagation de la *haine*, faut-il argumenter ? L'anonymat d'Internet permet de mettre au rancart les petites délations des grandes heures de la collaboration et du pétainisme en France ! On peut aujourd'hui, derrière des pseudonymes tous plus ridicules les uns que les autres, appeler nommément à la torture, au crime, au meurtre, au viol, à la décapitation partout sur le Net ! On insulte en forçant comme un enfant de deux ans sur le registre scatologique. Et cela, sauf rarissimes exceptions, en toute impunité.

Quelques médias du Net qui souscrivent à la cause anti-vaccins et anti-pass sanitaire recourent sans problème aux pires des insultes : Macron grimé en Hitler, les manifestants s'assimilant à des résistants ou à des Juifs dont ils arborent éhontément l'étoile jaune ! Les aiguilles de la vaccination assimilées à celle du docteur Mengele bien connu pour ses expériences de fou dans les camps de la mort. Les centres de vaccination comparés à des camps d'extermination. Ils sont parfois vandalisés ou incendiés. Impunité encore…

Par ailleurs, la criminalisation médiatique de tous ceux qui ne souscrivent pas à l'idéologie maastrichienne et, donc, woke, ne s'embarrasse pas de délicatesse et d'élégance, de justesse et de justice, de vérité justement. L'insulte vole bas et c'est toujours la même : vichysme, pétainisme, compagnonnage avec l'extrême droite, réactivation des heures les plus sombres de notre histoire, pensée rance et nauséabonde, nazisme, etc. Impunité toujours…

J'eus droit en mon temps à un BHL estimant qu'avec le lancement de *Front populaire* j'étais Doriot, c'est-à-dire un homme qui a porté l'uniforme nazi sur le front russe. Ma faute ? Aspirer à l'envoi d'enfants juifs dans les camps de la mort ? Non : juste avoir annoncé la publication d'une revue souverainiste... Impunité bien sûr et cette fois-ci c'était dans la presse papier. Aucune indignation de journalistes bien sûr...

Détruire la liberté, appauvrir la langue, abolir la vérité, supprimer l'histoire, nier la nature, propager la haine, ai-je dit. Reste un dernier point pour parfaire le portrait de la tyrannie de notre époque. Je viens d'assimiler l'idéologie maastrichienne au wokisme. C'est ici qu'il me faut aborder la question de l'*Empire*. Où l'on retrouve le souci civilisationnel de Paul Valéry.

L'Empire, c'est ce à quoi aspirent les thuriféraires de l'Europe maastrichienne, un horizon qui est pour eux un moment dans un mouvement qui conduit à l'État total, à l'État universel – celui de Hegel, celui de Jünger. Ces idéologues mondialistes ne s'en cachent d'ailleurs pas puisque Jacques Attali publie en 2011 un *Demain, qui gouvernera le monde ?* dont le titre a le mérite de la clarté. Qui, en effet ? quand ? comment ? de quelle manière ? avec qui ? et, surtout... sans qui ? On aura compris que c'est sans le peuple, mais qui a intérêt à ce populicide – à cette économie politique du peuple ? à cette économie du peuple politique ?

Les civilisations naissent, croissent, vivent, connaissent un temps de puissance, décroissent, chutent, tombent et disparaissent avant d'être remplacées par d'autres. On le sait – du moins, les plus lucides ne l'ignorent pas, les plus intellectuellement encrassés le nient.

Notre civilisation judéo-chrétienne est en phase terminale. Il est politiquement sot et niais, sinon dangereux, de prétendre redonner de la santé et de la vitalité à un centenaire subclaquant. N'importe quel médecin promettant de remettre sur pied un vieillard cacochyme passerait *illico* pour un charlatan. Mais, pour une civilisation, les vendeurs d'illusions font toujours florès.

Notre civilisation procède de la *civilisation gréco-romaine* qui, elle-même, procède d'une *civilisation suméro-égyptienne.* Elle a fécondé la civilisation *judéo-chrétienne* qui a généré l'Europe. Cette Europe faite d'Athènes, de Byzance, de Jérusalem et de Rome va laisser sa place elle aussi. À quoi ? à qui ? quand ? comment ? de quelle manière ?

La lecture des sermons de saint Augustin sur la fin de Rome nous donne l'impression d'un temps contemporain ! Les peintures de Monsù Desiderio qui, en pleine Contre-Réforme, montrent l'auteur de *La Cité de Dieu*, qui ignore qu'il sera le maître penseur de la civilisation à venir, déambulant sur la plage d'une ville en ruine, semblent saisir l'esprit de *notre* temps.

La civilisation à venir sera *occidentalo-californienne.* Elle procédera de l'Occident judéo-chrétien revu et corrigé par le protestantisme puritain des États-Unis reformulé dans une néoreligion, celle de la « Tech » de la côte est des États-Unis. L'Europe est le continent largué comme on largue des amarres par cette nef des fous. Elle est hors jeu, hors course, incapable de suivre, encore plus de précéder. Elle a vécu et n'invente plus rien. Elle est à la remorque.

En ses lieu et place, il faut convenir d'un grand remplacement par un Occident moins formaté par la religion catholique, apostolique et romaine que par le protestantisme anglo-saxon devenu fou. Baptistes, anglicans, quakers, puis piétistes allemands, presbytériens écossais, huguenots français, méthodistes anglais contribuent à la généalogie de l'évangélisme américain, il faut compter également avec les amish et les mormons. Certes l'immigration a apporté nombre d'autres religions – judaïsme, islam, hindouisme, bouddhisme, catholicisme aussi bien sûr –, mais le substrat anglo-saxon n'a pas grand-chose à voir avec le catholicisme romain connu pour son mépris de l'argent, son hypocrisie rendue possible par la confession auriculaire, l'acte de contrition, la résipiscence, le pardon des offenses, jadis la pratique des indulgences, ce qui donne au clergé un immense pouvoir sur les âmes, les corps et les cœurs.

Le monde anglo-saxon a créé un Dieu qui tient du déisme rationaliste de Rousseau et de l'Être suprême de la franc-maçonnerie d'un Benjamin Franklin. Il suppose une relation directe du croyant et de sa divinité. Vivant sous l'œil d'un Dieu sans possibilité d'un recours au clergé qui absout, le croyant mène une existence plus déterminée que son homologue de la vieille Europe.

Aux États-Unis et dans l'Occident posteuropéen, on ne criminalise pas l'argent ; si l'on en gagne, c'est que Dieu l'a voulu, il faut seulement au milliardaire restituer dans des œuvres un peu de sa fortune – d'où des universités, des grandes écoles, des hôpitaux, des musées exceptionnels. Au pays de l'Oncle Sam on n'a pas à gérer le passif d'un passé qui a fait s'empoigner jansénistes et jésuites, catholiques et protestants, théistes et déistes. On croit au libre arbitre, donc à l'exercice plein et entier de la liberté, à la responsabilité, à la grâce efficace.

Cette épistémê religieuse, même quand on s'en croit indemne parce que athée, mécréant, agnostique, croyant non chrétien, dope l'énergie, l'inventivité, la compétition, la créativité parce qu'elle donne à l'homme les pleins pouvoirs pour ressembler non pas à un Christ souffrant célébré par l'Église paulinienne européenne, mais à un Dieu tout-puissant. Vouloir s'identifier à un cadavre – la devise des Jésuites est en effet *perinde ac cadaver*, pareil à un cadavre – ne saurait générer une grande vitalité civilisationnelle ! Il a fallu le glaive de saint Paul pour établir le judéo-christianisme. En revanche, entretenir une relation directe avec un Dieu figure de la puissance mobilise les volontés. Dieu, soi et le monde, l'affaire se réduit désormais à cette triangulation sans tiers.

La vitalité américaine déborde ce que produit encore la vieille Europe. Les incroyables fortunes des milliardaires des Gafam font de l'État américain leur obligé. Le programme spatial des États-Unis avait été abandonné, il est aujourd'hui remis en selle par un seul homme, Elon Musk, Sud-Africain devenu américain après être passé par le Canada.

Ses activités sont multiples, le lieu n'est pas de les détailler ici, mais ce qui importe est son projet transhumaniste via Neuralink – car le transhumanisme est la colonne vertébrale de cette civilisation de l'État total qui va remplacer les civilisations locales dont la judéo-chrétienne aura probablement été la dernière en date.

La crainte de voir la civilisation judéo-chrétienne remplacée par une civilisation musulmane est une illusion d'optique. L'islam n'a pas d'autre vocation politique que la radicalité de sa spiritualité vécue. Il n'aspire pas à la domination technique, à l'invention industrielle, à la création de découvertes utiles à la planète entière. Son génie est dans la scrupuleuse application de la religion dans le détail de la vie quotidienne.

Le problème est moins l'islamisation de l'Europe que sa déchristianisation qui rend possible ce grand nettoyage civilisationnel. Autrement dit le danger se trouve moins dans la force de l'islam que dans la faiblesse du christianisme désormais incapable de contenir l'impérialisme du troisième monothéisme. Les mosquées s'installent parce que les églises sont vendues à des promoteurs qui en font des hôtels ou des salles de *fitness* – comme à Caen... L'islam prend une place vide avant un jour de se faire vider à son tour une fois le travail nihiliste effectué.

La civilisation de la fin des civilisations sera celle du transhumanisme qui se propose l'homme augmenté, la mort de la mort, la vie extraterrestre, la production de chimères associant le numérique et le biologique, ce qui suppose la marchandisation des corps. Je pense en termes de longue durée – le millénaire.

Le projet maastrichien s'inscrit dans cette perspective, le wokisme et la *cancel culture* également, l'islamo-gauchisme aussi bien sûr. Tous travaillent dans cette même direction. Le savent-ils et le veulent-ils? Certains oui, bien sûr, mais pas tous.

Il existe une incroyable armée d'idiots utiles de ce projet qui se réjouissent qu'à l'heure où j'écris – début décembre 2021 – « Elon Musk espère implanter ses puces dans des cerveaux humains d'ici 2022. Elle sera destinée à avoir des applications médicales». Une information Business Insider # Neuralink ! L'application médicale est le cheval de Troie de ce projet civilisationnel transhumaniste.

On ne dit pas : « Neuralink travaille à vous transformer en robots mus par un cerveau numérique téléchargé dans un corps posthumain destiné à vivre sur une autre planète que la Terre, l'une des exoplanètes, un projet éminemment aristocratique qui définit un eugénisme libéral postmoderne dans lequel certains seront sélectionnés pour être élus à cette vie immortelle. » Mais : « Nous travaillons à éradiquer le mal et la maladie. » C'est le projet de la parousie : restaurer l'ordre d'avant le péché originel : sans mal, sans souffrance, sans maladie, sans mort.

Mais, dans cette perspective faustienne : qui choisira ? qui sera choisi ? selon quels critères ? qui sera évincé, éjecté, jeté à la poubelle ? On vous dit que c'est pour lutter contre les pathologies de votre pauvre grand-père atteint de maladie d'Alzheimer ou de votre malheureuse arrière-grand-mère touchée par la maladie de Parkinson ! L'eugénisme ne dit jamais qu'il travaille à un partage du monde entre ceux qui méritent de vivre et ceux qui ne le méritent pas, il se présente toujours sous les beaux atours des progrès scientifiques et de l'humanisme !

C'est pourtant un projet inhumaniste si l'on me permet le néologisme. Cette civilisation occidentalo-californienne se propose une humanité nouvelle qui partagera les élus et les réprouvés, les sauvés et les damnés. Ce sera le jour définitif du Jugement dernier. Mais cette fois-ci : de main d'homme. C'est la parousie de l'Homo Faber.

La Nef des fous pointe le travail de sape effectué par les conquistadors de cette nouvelle civilisation. C'est le travail de la goutte d'eau qui, à force de répétitions, perfore la pierre la plus solide. Chaque jour l'Empire avance. Non pas avec des armées rutilantes qui envoient au combat des soldats aguerris qui vont donner la mort et peut-être la trouver aussi. Mais avec une armée de soudards qui se disent progressistes : ce sont autant de politiciens, d'idéologues, de militants, d'intellectuels, d'universitaires, de cinéastes, de journalistes, de syndicalistes, d'artistes, de philosophes, de patrons de presse, de publicistes, d'éditorialistes, de *people*, qui, de droite ou de gauche, travaillent à cette grande entreprise d'eugénisme civilisationnel.

Ce projet à ce jour avorté de rendre possible la mort d'un enfant dans le ventre de sa mère pour des raisons psychosociales signalé plus haut indique le nouveau paradigme : chosification, réification, marchandisation de tout. Il s'agit de transformer la planète en hypermarché où tout se vendra : des cœurs, des corps et des âmes, des ovules, des spermatozoïdes et des enfants, des idées, des souvenirs et de la mémoire, des organes, des cadavres et des sentiments. On y vendra aussi de l'imbécillité et de la propagande, de la dictature et de l'idiotie, de la pensée frelatée et de la culture en boîte, de l'art pourri. Nous y sommes déjà. Voyez passer la nef des fous…

JANVIER

Samedi 2 janvier

Écrasons l'infâme Voltaire

La statue de Voltaire a été mise au garage par la mairie de Paris pour nettoyage après dégradations et vandalisme d'activistes en juin 2020. Elle n'a pas retrouvé son socle car l'État, à qui elle appartient et à qui elle a été rendue, fait le mort sur ce sujet alors que la mairie demande l'autorisation de la remettre en place.

Pas de liberté pour les amis de la liberté, dit ainsi sans le dire tout en le disant le chef de l'État qui aime tant les lettres, la littérature et la philosophie.

Lundi 4 janvier

Lis Marlène

Marlène Schiappa, tonitruante *ministre déléguée auprès du ministre de l'Intérieur chargée de la Citoyenneté* (!), a posté sur son compte un message promotionnel pour son coiffeur ! Comme la chose fut remarquée, dite puis dénoncée, l'entourage, comme on dit, a évoqué un « faux post » avant que la preuve fût apportée qu'il s'agissait bien d'un vrai. L'entourage nie qu'il s'agisse d'un placement de produit – quelles méchantes personnes pourraient imaginer une pareille rouerie ?

Son « Merci à Adriano et Vincent de AnS Brasil pour ce lissage qui répare les cheveux et va donc me permettre de gagner de précieuses minutes avant chaque matinale » ne saurait en effet être pris pour un placement de produit ! L'avocate de la ministre affirme que « toute affirmation contraire relèverait de la diffamation ».

Ça n'est donc pas un placement de produit, juste une pensée du jour.

Lundi 4 janvier

Les hochets de la République

Le Figaro ne consacre pas moins de sept pages, cinq colonnes à la une, à lister les noms des centaines de promus de la Légion d'honneur pour la demi-année – l'État distribuera autant de sucres d'orge le 14 juillet prochain.

Sur demande du Premier ministre Jean Castex, Catherine Barthélemy, née Verpilleux, a été élevée au grade de commandeur de la Légion d'honneur au motif qu'elle est « présidente-fondatrice d'une entreprise spécialisée en manutention et location de chariots élévateurs ».

Napoléon eût apprécié.

Mardi 5 janvier

Babylone-des-Prés

Un livre de Camille Kouchner, fille du ministre bien connu, dénonce les viols que son beau-père, Olivier Duhamel, a commis pendant plusieurs années sur son frère alors âgé de treize ans. Dans *La Familia grande*, elle raconte comment Olivier Duhamel entrait dans le lit de son beau-fils pour lui imposer des fellations ; elle dévoile également que sa mère, Évelyne Pisier, ancienne maîtresse de Fidel Castro, estimait que ça n'était pas bien grave puisque ça n'étaient que des fellations et pas des sodomisations ; on apprend également que ladite Pisier affirmait que demander des comptes à cet homme sur ses forfaits c'était en vouloir à son couple ; un couple qui, pour le dire vite, partouzait avec ses amis invités au bord de la piscine de Sanary-sur-Mer, sept hectares dans le Var, pendant les vacances d'été, un lieu où toute la gauche caviar rêvait de se voir invitée ! C'était, dit *L'Obs*, l'hebdomadaire de ces gens-là, « une confusion sexuelle entre adultes et enfants »... Qui ne fut pas de Sanary parmi les acteurs de cette gauche europhile, libérale, prétendument socialiste, donneuse de leçons, verrouillant la vie politique, intellectuelle et culturelle depuis un demi-siècle ?

Les rats de la gauche libérale quittent déjà le navire les uns après les autres. Ils commencent à dire qu'ils n'ont jamais été invités, qu'ils n'y sont allés qu'une fois, qu'ils ne savaient pas, ou que, dès qu'ils ont su, ils ne sont pas revenus. Mais ceux qui ont su n'ont rien dit et ont laissé faire.

Il est vrai que dans *gauche caviar* il y a caviar…

Mardi 5 janvier

Démagogie participative

Macron a fait tirer au sort trente-cinq citoyens afin de contrôler la stratégie vaccinale !

Que ne fait-il tirer au sort ses ministres : on ne risquerait pas plus d'amateurs.

Jeudi 7 janvier

Prendre des mesures

Camille Kouchner raconte dans *La Familia grande* que, s'il a violé son beau-fils pendant des années, Olivier Duhamel avait également pour habitude de mesurer le sexe de son autre frère avec un double décimètre…

Parmi ceux qui savaient, et qui, dit-on, étaient des dizaines, Kouchner, Ockrent, Treiner, la patronne de France Culture, Minc, Séguéla – qui n'ont bien sûr rien dit ni rien fait.

On imagine quels résistants ces gens-là auraient fait en 1940.

Nuit du jeudi 7 au vendredi 8 janvier

Donneur de leçons

Alors que les partisans de Trump envahissent le Capitole aux cris de : « C'est notre maison ! », Emmanuel Macron prend la parole devant les drapeaux français, européen et états-unien. Il est un peu plus de deux heures et demie du matin.

Il donne une leçon, comme il aime le faire ici ou là, au Liban ou en Afrique par exemple. Il dit : « Ce qui est arrivé aujourd'hui à Washington n'est pas américain, assurément. » Qu'était-ce alors ? Russe ? Iranien ? Chinois ? Israélien peut-être ? Cette façon de dénier aux Américains qui ne pensent pas comme lui d'être des Américains est sidérante.

Joe Biden, qui a fait savoir qu'il était désormais prêt à « guider le monde » (25 novembre 2020) sans que cela émeuve personne, découvre ainsi qu'il dispose d'un domestique pour son projet.

Vendredi 8 janvier

La reine des malades

La ministre de la Santé Agnès Buzyn a géré l'épidémie du coronavirus en France en dépit du bon sens : elle aurait su très tôt la dangerosité du virus, l'aurait fait savoir au plus haut point, autrement dit au Premier ministre et au président de la République, n'aurait pas été entendue, serait restée tout de même en poste sans rien dire à personne, aurait donc sciemment exposé les Français à l'épidémie, avant que l'affaire ne devienne publique, qu'elle soit de ce fait débarquée, qu'elle devienne dans la foulée la candidate LREM à la mairie de Paris après que le candidat Griveaux eut été pris la main dans le slip, qu'elle y fasse une très mauvaise performance, qu'elle disparaisse après le premier tour. On sait que son mari avait des intérêts dans les laboratoires pharmaceutiques, qu'il se trouvait à l'inauguration du fameux laboratoire chinois de Wuhan d'où tout est parti, ce qui expliquerait qu'il n'ait pas beaucoup aimé l'hydroxychloroquine du professeur Raoult et ait disposé de gros et grands moyens pour le faire savoir. Voilà un CV accablant...

C'est probablement la raison pour laquelle ladite Agnès a été nommée fonctionnaire à l'Organisation mondiale de la santé sise à Genève. La voilà

« envoyée du directeur général pour les Affaires multilatérales » auprès du G7 et de l'ONU !

Il se dit que ce poste pourrait lui assurer une immunité bien utile quand il faudra rendre des comptes sur la gestion calamiteuse du covid en France. Elle fait en effet l'objet d'une enquête de la Cour de justice de la République et de la Cour de cassation. Une perquisition a déjà été diligentée.

Il y a désormais moins loin du Capitole à la roche Tarpéienne !

Vendredi 8 janvier

Cherchez le tyran

Le monde s'étonne que les Gafam censurent les comptes de Donald Trump. Ces mêmes censeurs n'ont rien trouvé à redire à cet homme qui est le même et dit les mêmes choses depuis son entrée à la Maison-Blanche il y a quatre ans – y compris en amont, pendant sa campagne... L'homme est à terre, on le poignarde et on interdit sa parole – au nom de la liberté d'expression bien sûr !

Mais cet étonnement m'étonne : ces patrons-là n'ont que faire de la liberté d'expression et de la vérité, ils sont là pour privatiser l'information et construire l'opinion publique afin de réaliser l'homme unidimensionnel auquel ils aspirent, le consommateur décérébré. Le transhumanisme est en route ainsi que la marchandisation totale du monde depuis bien avant cette péripétie qui a juste le mérite de révéler le projet politique des Gafam.

Je ne serais pas étonné que cette engeance ait *1984* comme livre de chevet et se propose chaque jour que le dollar fait de réaliser ce cauchemar.

Samedi 9 janvier

L'air du temps

Un migrant bengali en France depuis 2011 a reçu une obligation de quitter le territoire. Il a attaqué en justice au prétexte qu'il souffre d'asthme et d'apnée du sommeil, ce qui nécessite un appareillage pour dormir : un renvoi dans son pays, dit-il, aurait occasionné une compensation respiratoire mortelle. La justice française lui a donné raison : la cour administrative d'appel de Bordeaux lui a accordé le statut de réfugié pour un motif… climatique.

L'air est en effet partout vicié.

Samedi 9 janvier

Autosoumission

Une étude de l'Ifop pour la fondation Jean-Jaurès révèle que la moitié des enseignants français avouent s'être déjà autocensurés dans leurs cours pour ne pas choquer des élèves musulmans. Cette étude devait marquer le sixième anniversaire de l'attentat contre *Charlie Hebdo.* Des morts pour rien s'il faut en croire ce sondage.

Une moitié résiste donc encore? Réjouissons-nous, c'est beaucoup...

Lundi 11 janvier

Six pour le prix de quatre

Dans *Perluète,* la revue de l'actualité du livre et de l'édition en Normandie, on sacrifie au politiquement correct genre *l'autrice,* etc.

En même temps, comme dirait l'autre, dans le même article, sur une pleine page, l'autrice, qui travaille dans une agence de communication culturelle, nous gratifie deux fois d'une belle image qui s'avère aussi un beau concept : les « quatre coins de l'Hexagone ».

Quand révolutionner l'écriture va de pair avec révolutionner le calcul et la géométrie.

Mardi 12 janvier

Essayez un philosophe

Alain Finkielkraut fulmine parce que la chaîne LCI, où il était chroniqueur, le met à la porte après qu'il eut commenté l'affaire Duhamel en se demandant s'il n'y avait pas eu amour et consentement entre un adolescent de treize ans et l'adulte qui était alors son beau-père.

Finkielkraut faisait *déjà* l'éloge des livres du pédophile Tony Duvert dans *Le Nouveau Désordre amoureux* en 1977 dans lequel on pouvait lire un terrible : « essayez les enfants ». Quarante-cinq ans et un Polanski plus tard, il estime qu'il pourrait y avoir consentement entre un garçon de treize ans et son beau-père, autrement dit, qu'un inceste consentant entre un garçon et son père pourrait ne pas poser de problème…

Élisabeth Lévy, la directrice de *Causeur*, le journal où le philosophe dispose de son rond de serviette, le défend, plus énervée que jamais, c'est dire, sur les plateaux de télévision avec l'argument du : « Bande de crétins incultes, c'était sous forme interrogative ! »

Que dirait-elle d'un Soral ou d'un Dieudonné qui poseraient la question de l'existence des chambres à gaz, mais sous forme interrogative ?

En rhétorique et en sophistique, il existe des questions qui ressemblent comme deux gouttes d'eau à des réponses. Voyez les dialogues de Socrate – je n'ose pas dire socratiques…

Un sujet pour « Répliques », l'émission hebdomadaire que tient Finkielkraut depuis 1985 sur les ondes de France Culture, une chaîne du service public dont il ne se fera pas évincer – lui.

Mardi 12 janvier

Ministre des utérus

Marlène Schiappa, ministre chargée de la Citoyenneté, auteur de *Les filles bien n'avalent pas*, tient à ce que l'expression « loi sur le séparatisme », pourtant prononcée par son boss Macron, soit oubliée pour lui préférer « loi pour conforter le principe républicain ». Voilà une bonne féministe bien obéissante aux ordres donnés par le chef mâle et blanc !

À quoi elle ajoute, toute remplie des éléments de langage des communicants de son patron, que les certificats de virginité concernent surtout « des familles influencées par des courants évangélistes (*sic*) venant des États-Unis » ! Outre que, si tel était le cas, il s'agirait de courants *évangéliques*, qui n'ont pas le culte de ce morceau de chair, on aura compris qu'il faut ménager ceux qui ne nous ménagent pas.

Marlène Schiappa, à qui l'on doit aussi les inoubliables *Lettres à mon utérus*, devrait lui en envoyer plus souvent pour s'informer des aventures des hymens venus d'Afrique.

Mercredi 13 janvier

L'art de fabriquer des crétins

Régine Hatchondo, la nouvelle présidente du Centre national du livre, s'exprime dans *Télérama*.

Déjà, on peut craindre le pire : on a raison, le pire est au rendez-vous.

Le CNL est un établissement public placé sous l'égide du ministère de la Culture, il existe et fonctionne donc avec l'argent public. Il a pour mission de soutenir la chaîne du livre. La dame vient du cinéma et de la télévision, elle a travaillé avec Delanoë et Valls, tout est raccord. Elle dit : « J'aime les classiques. Mais (*sic*) les œuvres des siècles passés, de Flaubert à Balzac ou Stendhal, sont-elles encore capables de capter et retenir l'attention d'une génération pour qui le temps est devenu un temps court ? »

Puisque la dame semble franco-française dans ses références, un mauvais point, on ne convoquera pas Homère ou Sophocle, mais on constatera que, déjà, Montaigne et Rabelais, Marot et Villon, Racine et Corneille, La Fontaine et La Bruyère, Voltaire et Diderot, Rousseau et Beaumarchais sont morts et enterrés – ils ne captent ni ne retiennent plus l'attention des nouvelles générations…

Elle donne sa feuille de route : « Il faut pousser au maximum les livres qui parlent aux ados, les introduire (MO : les livres…) dans les conservatoires, à l'école, dans les associations, les pratiques amateurs. Mais le faire sans sacrifier ce qui traverse les âges. Babar plaît toujours autant », écrit-elle.

Elle n'a pas dû écouter ses amis de France Culture qui estiment que Babar est un sale raciste, fasciste, colonialiste – un détestable éléphant blanc, mâle et catholique.

Jeudi 14 janvier

LGBTQ+SNCF

Des associations dont Stop Homophobie portent plainte devant la Cnil parce que la SNCF persiste à demander aux acheteurs en ligne de cocher la case homme ou femme. L'entreprise publique, dont les trains sont supprimés, n'arrivent pas à l'heure, ne partent pas, sont bondés, sales, insécurisés, n'est donc attaquable que pour cette raison : elle est coupable de « se conformer à des stéréotypes de genre dépassés ». De fait, elle « exclut les personnes qui s'identifient comme non binaires, notamment parmi les personnes trans ou intersexes, les "genderfucks", les queers, mais aussi les personnes qui ne souhaitent pas restreindre leur identité à la masculinité et la féminité, celles qui parfois sont des femmes et parfois sont des hommes ou encore celles qui veulent en finir une bonne fois pour toutes avec le patriarcat et sa police du genre ».

J'aurais aimé savoir ce que le Gabin de *La Bête humaine* en aurait pensé…

Vendredi 15 janvier

Violences faites à la police

Alors que la police n'est plus soutenue dans son travail par le président de la République Macron, par le ministre de l'Intérieur Castaner, par Mélenchon et sa garde prétorienne, par l'extrême gauche dans sa totalité, par une partie de la gauche libérale qui se croit de gauche en épousant les thèses des fascistes de gauche, le chef de l'État laisse fuiter, c'est ainsi qu'il communique désormais, tel un tuyau percé, qu'Omar Sy, grand pourfendeur de la police française domicilié à Los Angeles, pourrait participer à un Beauvau de l'Intérieur pour résoudre le malaise policier.

Avec Assa Traoré peut-être ?

Vendredi 15 janvier

Une pensée de trottinette

Faisant la promotion de son album dans *L'Obs*, la chanteuse Camélia Jordana affirme : « Si j'étais un homme, je demanderais pardon, je questionnerais les peurs, et je prendrais le temps de m'interroger. Car les hommes blancs sont, dans l'inconscient collectif, responsables de tous les maux de la Terre. »

La généalogie de cette pensée profonde ? Alors qu'elle circulait en trottinette, c'est raccord, un chauffeur de taxi l'a frôlée, est descendu de voiture et lui a « gueulé dessus ».

On imagine que le chauffeur était blanc. S'il ne l'avait pas été, qu'aurait-elle conclu ?

Vendredi 15 janvier

Blanc-bec

Le trompettiste Ibrahim Maalouf estime que le concert du Nouvel An diffusé en direct de Vienne « se fait tristement remarquer par son manque de diversité ethnique », un reproche qu'il étend aux orchestres français.

Zhang Zhang, une musicienne chinoise, lui répond : « Peut-être M. Maalouf l'ignore-t-il : le concours de recrutement des orchestres symphoniques professionnels est mené derrière un paravent. Le jury ne voit pas les candidats, il n'écoute que la qualité de la prestation. Les artistes sont choisis en fonction de leur musique, et non en fonction de leur couleur de peau, genre, ethnicité. »

Mais quelle idée d'imaginer que seule la qualité de la prestation devrait faire la loi dans les recrutements d'orchestres symphoniques ? Voilà une insupportable discrimination, une intolérable inégalité... Tout le monde devrait pouvoir être chef d'orchestre dans l'orchestre de Vienne.

Samedi 16 janvier

Fluxion de poitrine

Ludovic de Saint-Sernin, « le nouveau créateur français à suivre d'urgence », écrit *Vogue*, a présenté son défilé dans lequel un grand Black bien musclé présente un soutien-gorge pour homme.

À faire suivre d'urgence en effet…

Samedi 16 janvier

Copains & coquins

Sur Arte, chaîne du service public financée avec l'argent du contribuable, Claude Askolovitch, journaliste multicarte du système, il officie aussi sur France Inter, chaîne du service public financé avec l'argent du contribuable, a livré au pays tout entier son analyse sur l'affaire Olivier Duhamel, accusé de pédophilie incestueuse. Ceux qui accablent ce pédocriminel sont des « jaloux » !

Le diagnostic semble juste : le jeune homme jadis abusé par Duhamel vient de porter plainte. Un jaloux de plus !

Dimanche 17 janvier

Soumission, encore

À Étampes, la municipalité Les Républicains a organisé et financé une marche blanche en hommage à Nordine et Samir, deux frères âgés de trente-neuf et trente-deux ans, décédés d'un accident de la route… consécutif à leur refus d'obtempérer lors d'un contrôle de gendarmerie. Pendant ce délit de fuite, ils ont percuté un camion et sont morts.

Les deux délinquants étaient bien connus des services de police : Nordine a passé une dizaine d'années en prison pour trafic de stupéfiants et son frère accusait une trentaine d'antécédents judiciaires à son compteur.

La mairie a annoncé cette marche blanche via son compte Twitter, elle a offert le service de ses agents municipaux qui ont encadré la manifestation, elle a également fourni les barnums dans lesquels étaient servis des boissons chaudes et « de quoi grignoter ». Elle a prêté une sono et un podium qui ont permis les prises de parole.

On sait désormais comment s'achète la paix sociale dans les banlieues. Ce n'est pas cher, le maire aurait tort de s'en priver, d'autant que c'est avec l'argent de ses contribuables, et ça peut rapporter gros.

Il est vrai que le maire sarkozyste de la ville, Franck Martin, trois fois élu, est lui aussi bien connu des services de police.

Post-scriptum : je me demande pour quelles raisons on appelle ce genre de manifestations des marches blanches…

Lundi 18 janvier

Lape, suce

Invité sur Europe 1 dans l'émission de Sonia Mabrouk qui l'interroge sur l'affaire Duhamel, Jack Lang affirme : *un*, qu'il n'était pas au courant de ce qui se passait chez les Duhamel avec lesquels il a travaillé et qu'il connaissait très bien ; *deux*, qu'il condamne la pédophilie comme il l'a toujours condamnée ; *trois*, alors que Sonia Mabrouk lui répond que la défendre en signant une pétition qui demande sa légalisation en 1977 semble une chose bien singulière, il rétorque que c'était une « connerie » mais qu'on ne va pas en faire un plat et balance les noms de Foucault, Dolto, Cohn-Bendit qui, eux aussi, avaient signé ; *quatre*, qu'il n'a rien à voir avec les dîners du Tout-Paris dans lesquels il ne se rend jamais. Avec cette dernière saillie, chacun aura pu apprécier le degré de sincérité du personnage…

Dans la même émission, il s'est dit aujourd'hui, dans un superbe lapsus : « contre les atteintes à la pédophilie »… On ne le lui fait pas dire.

Lundi 18 janvier

Quand le réel n'a pas lieu

Une sportive née homme et devenue femme porte plainte contre la Fédération américaine de force athlétique parce que cette dernière lui interdit de participer à des compétitions féminines – « une politique manifestement transphobe et inacceptable » selon l'association qui porte plainte.

La Fédération a beau avancer des arguments scientifiques et faire savoir que les os d'un homme né homme même devenu femme sont plus denses, qu'ils possèdent un tissu conjonctif plus fort, que la structure osseuse est plus grande, la densité musculaire est plus élevée, ce qui, justement, crée des discriminations avec les femmes nées femmes, l'association ne veut rien savoir.

Aucune raison ne vient à bout d'une croyance...

Mardi 19 janvier

La Grande Bouffe

Le covid met la France à genoux et les restaurateurs en faillite. Plus personne ne peut sortir, des dizaines de millions de Français enchaînent confinements et couvre-feux. Les seuls restaurateurs qui travaillent le font dans une clandestinité qui, alors qu'ils collaborent avec le virus, leur permet de se prétendre résistants et rebelles, mais le *Guide Michelin* publie tout de même son classement des restaurants français !

Après Maïmonide, voici une suite au *Guide des égarés*.

Jeudi 21 janvier

Propagandastaffel, suite

Si besoin était de prouver que la presse se trouve aux ordres de l'État maastrichien, on pourrait s'en convaincre en lisant *Le Monde* qui fait savoir à ses lecteurs qu'une partie de la rémunération des rédacteurs en chef de France Télévisions varie en fonction de leur soumission à l'idéologie maastrichienne. Pour être bien payés, il leur faut multiplier les reportages sur la diversité, la visibilité, l'outremer – qui, comme chacun sait, n'est pas la France, on peut donc se montrer positif…

France Télévisions s'est clairement engagée à « favoriser l'égalité et la représentation de la diversité ». Voilà pourquoi elle assure « la promotion de la diversité sociale et la lutte contre toutes les discriminations, la prise en compte du handicap, l'égalité de traitement de tous les collaborateurs de l'entreprise, l'égalité hommes-femmes et la lutte contre l'homophobie ».

Il paraît probable que le.a rédacteur.e de cette note subira une amputation de son salaire pour avoir écrit « l'égalité hommes-femmes » et non pas « l'égalité femmes-hommes ».

Samedi 23 janvier

Babar le barbare

France Culture, dont, sans rire, le slogan proclamé est « France Culture, l'esprit d'ouverture », le texte accompagnant le cliché d'une porte... fermée, cherche des poux dans la trompe de Babar ! Le célèbre éléphant créé par Cécile de Brunhoff, une « bourgeoise parisienne » – c'est dire comme on part de loin... –, aurait chez lui « certains positionnements problématiques » – en langage clair : des trucs à censurer...

Rendez-vous compte, dans *Babar en voyage,* les Africains sont représentés comme des Noirs (déjà on pourrait crier au scandale, n'est-ce pas ?), mais, surtout, comme des cannibales – et l'on sait qu'il n'y avait pas de cannibalisme en Afrique dans les années 1930. Il faudra alors songer à expurger le *Journal* de Leiris qui, à la date du 17 juillet 1931, atteste l'existence d'anthropophages au Tchad pendant la Première Guerre mondiale.

Babar est un colon, car il veut apporter la civilisation occidentale dans le village d'Afrique. Il souhaite construire une ville avec un théâtre dans lequel les éléphants en costumes humains se retrouveraient, « évidemment ça rappelle les populations colonisatrices, ça c'est évident », dit l'anthropologue de service. Donc le cannibalisme, non, mais le théâtre, non également.

Dimanche 24 janvier

Décoloniser la lumière

« Décoloniser la lumière », voilà le projet d'universitaires canadiens qui souhaitent « contrer le colonialisme dans la physique contemporaine ». Les scientifiques ayant travaillé à élucider le mystère des couleurs ont en effet procédé avec des préjugés conscients ou inconscients – il faut entendre : des préjugés de mâles blancs chrétiens dits cisgenres, autrement dit : hétérosexuels...

Cette déconstruction de la physique contemporaine sera collective, inclusive, intersectionnelle. Les « personnes racisées », qui auront été très probablement mises à l'écart alors qu'elles auraient fait progresser la science de façon incroyable, seront en effet recherchées et réhabilitées afin d'écrire une nouvelle histoire de la lumière qui brisera l'hégémonisme blanc. Nombre de scientifiques occidentaux blancs, etc., ont en effet pillé des auteurs musulmans sans jamais les citer.

Voilà qui, sans l'ombre d'un doute, inaugure une nouvelle philosophie des Lumières.

Lundi 25 janvier

L'arroseur arrosé

Xavier Gorce, le dessinateur qui a officié dix-huit années au journal *Le Monde* en y donnant le ton européiste, maastrichien et progressiste qui convient, tombe pour un dessin qui moquait Alain Finkielkraut, mis à la porte de LCI pour avoir proposé de réfléchir à la possibilité du consentement d'un enfant de treize ans se faisant violer par son beau-père. Des fois qu'Olivier Duhamel aurait agi avec la complicité de sa victime... Gorce met en scène ses pingouins dont la ligne n'exige pas plus de génie en dessin que cela et un texte volontairement cafouilleux, c'est fait pour rire : « Si j'ai été abusé par le demi-frère adoptif de la compagne de mon père transgenre devenu ma mère, est-ce un inceste ? » Les victimes d'inceste, de viol et les transgenres sont montés au créneau, il y eut aussi un tweet de Rokhaya Diallo. Courageux mais pas téméraire, *Le Monde* a présenté platement ses excuses, le dessinateur a démissionné. Il a écrit : « Je ne veux pas d'un titre qui se couche devant des campagnes de *bashing* sur les réseaux sociaux. »

Mais couché, *Le Monde* l'est déjà depuis bien plus longtemps que ces dix-huit dernières années...

Lundi 25 janvier

Un Godard qu'on peut aimer

Un plâtrier de 1856 a laissé un message retrouvé dans un bâtiment en travaux en vue de la future cité de la gastronomie à Dijon. On peut y lire ceci : « En cette chapelle étant en réparation a travaillé le sieur Godard. » Cet homme fut, écrit-il, un marin « congédié de la frégate à vapeur l'*Orénoque* après avoir fait la campagne de Crimée à l'âge de dix-huit ans ». Puis ceci : « Celui qui met un frein à la fureur des flots sait aussi des méchants arrêter les complots », ce qui est... un extrait d'*Athalie*, une pièce de Racine !

Le premier qui dit que le niveau a baissé et qu'on trouverait probablement aujourd'hui avec difficulté un plâtrier qui cite Racine ferait évidemment, diraient, par exemple, *Le Monde* ou *Libération*, au choix, partie des décadentistes jouant le jeu du Rassemblement national...

Mercredi 27 janvier

Bébés achetés, vendus, soldés

L'actrice chinoise Zheng Shuang avait un contrat avec la marque de luxe Prada. Parce qu'elle a abandonné à son partenaire ses deux enfants nés par gestation pour autrui après s'être séparée de lui, Prada a mis fin à leur collaboration. La GPA est interdite en Chine, l'actrice y avait eu recours aux États-Unis. Mme Zheng estime que ce sujet est « privé et très triste ».

Voilà les prémices et les premiers acteurs de la civilisation à venir...

Jeudi 28 janvier

Soumission, toujours

Le maire d'Ollioules dans le Var souhaitait baptiser le collège de sa ville du nom de Samuel Paty, le professeur décapité par un islamiste tchétchène. L'école s'appelait « Les Eucalyptus », elle continuera de s'appeler ainsi car 100 % des enseignants ont voté contre… Les parents ont fait de même à 89 % ; les élèves ont été les plus courageux en s'y opposant à 69 %.

Une représentante du Snes, syndicat de gauche s'il en est, a donné ses raisons : « Cela fait de nous des cibles alors que nous n'en avons pas besoin. C'est prendre un risque qui peut être évité, c'est un peu dommage de porter un nom qui n'a pas de lien avec notre commune. Et enfin, dernier argument, il y a quelques mois, la rue où se situe le collège a été rebaptisée rue du Colonel-Arnaud-Beltrame, cela fait beaucoup d'hommages autour de ce collège, ça rend les choses tristes pour un établissement qui accueille des enfants. » « Triste » est en effet le mot qui convient, mais pas pour les raisons qu'elle imagine…

En voilà une poêlée qui, à la suite de l'Appel du 18 juin 1940, n'aurait probablement pas pris le bateau des marins de l'île de Sein pour Londres.

Nuit du 31 janvier au 1er février

Le chêne et les glands

Un chêne près de Poitiers passait pour avoir été celui au pied duquel La Fontaine avait écrit la fable que l'on sait. Cet arbre âgé de trois siècles et demi atteignait trente mètres de hauteur pour une envergure de vingt-cinq mètres et six mètres de circonférence. Il a été détruit par un incendie volontaire.

Probablement par des animaux malades de la peste.

FÉVRIER

Lundi 1er février

Bite génération

L'ancienne actrice porno Ovidie, féministe, documentariste, doctorante en lettres, c'est-à-dire pas encore docteur, mais, nonobstant, chargée de cours en écriture documentaire à l'université de Limoges, affirme : « La vulve est sous-représentée par rapport à la bite. » Il faut bien en effet le cadre universitaire pour accueillir pareille saillie. Elle propose, sur Arte bien sûr, de travailler à la « déconstruction des stéréotypes sexistes ». Ses cibles ? Les menstruations jugées dégoûtantes, les canons de la beauté maigrichonne.

On est heureux d'apprendre que, sur le service public, la vulve reprend du poil de la bête au détriment de la bite.

Lundi 1er février

Caporal, nous voilà

De la même manière que les patrons de chaînes du service public seront payés en fonction de leur soumission à l'idéologie mondialiste et européiste de Maastricht (cf. 21 janvier), les futurs professeurs de l'enseignement public seront recrutés sur leurs facultés à courber l'échine et à se faire les petits soldats de la même idéologie.

Une réforme du Certificat d'aptitude au professorat de l'enseignement du second degré (Capes) estime que la maîtrise du savoir que l'enseignant doit transmettre n'est plus une priorité. Ce qui importera désormais sera apprécié, jugé et jaugé dans un entretien « sur la motivation du candidat et son aptitude à se projeter dans le métier de professeur au sein du service public de l'éducation ». Mais pas seulement. Il lui faudra également et surtout se soumettre à un interrogatoire sur sa capacité à la soumission. Le jury se propose en effet désormais « d'apprécier l'aptitude du candidat à s'approprier les valeurs de la République, dont la laïcité, et les exigences du service public (droits et obligations du fonctionnaire dont la neutralité, lutte contre les discriminations et stéréotypes, promotion de l'égalité, notamment entre les filles et les garçons, etc.) ». On appréciera le « etc. » qui rend tout possible, on songe aux questions LGBTQ+, à la religion de l'écologisme capitaliste, à la beauté de l'Europe libérale, à la laideur diabolique du souverainisme, etc.

Nul doute que cette épreuve sera coefficientée 10 pendant que l'épreuve concernant la maîtrise de la matière à enseigner ne prendra en considération que les points obtenus au-dessus de 10.

Mercredi 3 février

La débandade

Gabriel Matzneff ne fut pas que pédophile dans sa vie, il fut aussi un écrivain subventionné par la Ville de Paris, puis par Pierre Bergé. Pendant des décennies, il a été chéri par l'*intelligentsia* de Saint-Germain-des-Prés, dont BHL. Cet ami de Mitterrand, de Jack Lang, de Bertrand Delanoë, qui a déjeuné avec tout ce que Paris comporte de plumitifs, tenait également rubrique dans *Le Monde* qui publia son appel à dépénaliser la pédophilie en 1977. Il faisait alors dans ce journal qui, aujourd'hui, jette ses chiens sur les pédophiles après les avoir nourris, l'éloge des Romains et de leurs vertus, notamment du suicide stoïcien. À coups de citations de Sénèque ou de Lucrèce, d'Horace ou de Virgile, il se taillait alors une statue dans le marbre antique à peu de frais. Jouant le matamore, lui qui assimilait toute critique de la pédophilie à du pétainisme, à du fascisme et assimilait les pédophiles inquiétés par la justice à des

Juifs poursuivis par les nazis, ou des refuzniks pourchassés par la Russie de Staline, écrivait dans *La Prunelle de mes yeux* : « Je suis prêt à me battre, et si je dois aller en prison, eh bien ! j'irai en prison. »

Mais c'était en 1993. Le vent a changé, les pédophiles ne sont plus présentés comme l'avant-garde éclairée de la libération sexuelle mais comme des salauds. L'une de ses victimes, Vanessa Springora, raconte dans *Le Consentement* comment elle a été abusée.

D'un seul coup d'un seul, Matzneff n'eut plus d'amis ; ses éditeurs l'ont lâché : Léo Scheer, La Table ronde, Le Rocher ; Gallimard qui le publiait dans sa collection a même sorti ses livres des librairies ; Philippe Sollers est aux abonnés absents ; Pivot qui l'avait invité plusieurs fois dans son émission culte explique que c'était l'époque ; *Le Point* où il tenait rubrique raconte qu'il ne faisait plus partie du journal ; les jurés du prix Renaudot qui lui fut attribué précisent qu'ils n'ont pas voté pour lui, etc.

L'homme qui se drapait jadis dans la toge de Caton l'Ancien a fui la France, il se terre en Italie, probablement dans un palace, il a encore de riches amis à gauche. Il se plaint, geint, pleurniche, larmoie, couine et publie à ses frais, plus aucun éditeur ne veut en entendre parler, une défense sur quatre-vingt-cinq pages vendues sur souscription quatre-vingts euros. Il n'y a pas loin du Capitole à la roche Tarpéienne.

Caton l'Ancien rirait de ce jean-foutre.

Mercredi 3 février

Les épurateurs

Un film de Chris Colombus intitulé *Maman, j'ai encore raté l'avion* comporte une scène tournée en 1992 avec un certain Donald Trump qui apparaît une poignée de secondes pour indiquer son chemin à un enfant qui le lui demande. Autrement dit : ce sont quelques secondes de figuration dans l'hôtel qui lui appartenait alors.

Depuis, nul ne l'ignore, l'homme a été élu président des États-Unis avant de ne pas être reconduit dans ses fonctions.

Courageux, mais pas téméraires, des épurateurs ont obtenu que cette scène soit ôtée du film. Pourquoi pas pendant son mandat ?

Staline excellait dans ce genre d'entreprise.

Vendredi 5 février

La Dame Camélia

Camélia Jordana ayant estimé publiquement que tous les hommes devraient demander pardon parce qu'ils sont collectivement responsables de tout ce qu'il y eut de négatif sur Terre depuis que le monde est monde, j'exagère à peine, a reçu un tombereau d'insultes sur les réseaux sociaux.

Elle explique ce déchaînement de la manière suivante : « C'est lié au fait que je sois une femme. »

Puis, toujours plus fort : « C'est lié au fait que je sois une femme racisée. » Enfin, encore et toujours plus fort : parce qu'elle est la « descendante d'Algériens résistants (*sic*) contre la France, qui avant cela se sont battus pour la France ». Ceci enfin : « Cela fait un bon petit combo pour les personnes réacs, fachos et racistes. »

Celle qui avait déjà déclaré : « des hommes et des femmes se font massacrer (par la police) quotidiennement en France pour nulle autre raison que leur couleur de peau », celle qui avait aussi dit : « quand je critique la police, je ne critique pas la police » peut-elle imaginer une seule seconde que c'est pour le contenu de ce qu'elle dit qu'on la critique et pour nulle autre raison ? Il semble que cela excède son entendement.

Sartre explique dans *L'existentialisme est un humanisme* que la personne qui n'assume pas les conséquences de ses choix fait preuve de « mauvaise foi », ce qui définit le « salaud ».

Il ne précise pas comment on dit quand il s'agit d'une femme.

Samedi 6 février

Cracher sur la Shoah

Vert devenu macronien redevenu Vert, le député Matthieu Orphelin participe à la marche PMA pour toutes et tweete : « Nous sommes plus de 1 100 à marcher dans Angers pour la PMA pour toutes, l'égalité des droits et contre le néonazisme et l'extrême droite. »

Ce retour du nazisme fait en effet terriblement peur : les premières néo-chambres à gaz sont en néo-cours de néo-construction. Que fait la néo-police ?

Samedi 6 février

Génération monte-en-l'air

Issu de l'immigration, comme on dit, un jeune homme fut pendant vingt-quatre heures le héros des médias du système pour avoir escaladé à mains nues, devant les caméras de télévision, une façade d'immeuble parisien, place de la République, pour décrocher une banderole de Génération identitaire.

L'acrobate promu antifasciste vient d'être placé en garde à vue pour viol sur conjoint, coups et blessures ayant entraîné une incapacité totale de plus de dix jours et menace de mort.

C'est donc Génération monte-en-l'air contre Génération identitaire. Un combat de civilisations.

Samedi 6 février

Hitler aux chiottes

Un soldat américain qui faisait partie des combattants qui ont pris le Berghof, la résidence bavaroise d'Hitler, en 1945, avait rapporté des

« souvenirs » du lieu dont… la lunette des toilettes du tyran.

J'imagine le soldat dévissant la chose et l'emportant sous le bras… On a les prises de guerre qu'on peut. Dans les armées de Tamerlan ou de Gengis Khan on rapportait quantité de têtes coupées. Autres temps, autres mœurs !

Post mortem, l'homme a trouvé des complices : l'objet a été vendu par son fils en salle des ventes.

Un *ready-made* nazi ?

Lundi 8 février

Le Nouveau Monde

Joe Biden, qui vient d'arriver à la tête de l'une des plus grandes puissances du monde, a livré sa feuille de route planétaire pour indiquer ses urgences au monde : il veut faire de la défense des LGBTQ+ un axe majeur de sa diplomatie.

La Russie, la Chine, la Turquie, la Palestine, la Corée du Nord ? *Peanuts*… On verra tout ça plus tard.

Mardi 9 février

Le Nègre blanc

Netflix va diffuser la série *Vikings : Valhalla.* Une femme noire va jouer le rôle du jarl Haakon Sigurdsson qui fut un authentique chef de guerre au Xᵉ siècle. Les sagas islandaises nous apprennent qu'il était surnommé « le Puissant ».

Au nom de la parité, j'attends le biopic de Martin Luther King avec Josiane Balasko dans le rôle-titre. Ou celui de Cassius Clay interprété par Camélia Jordana. Sinon Omar Sy dans un *remake* du rôle d'Édith Piaf – avec Catherine Deneuve dans le rôle de Marcel Cerdan.

Jeudi 11 février

Un pète au casque

Lors des discussions sur le projet de loi contre le séparatisme, deux députés du groupe Agir ensemble, Pierre-Yves Bournazel et M'jid El Guerrab, ont proposé un amendement dit « anti-Zemmour » qui permettrait au juge « de prononcer une obligation de diffusion de la condamnation pénale sur les chaînes de télévision qui emploieront ou inviteront une personne condamnée jusqu'à quatre mois après la condamnation ».

Je propose mieux : étendons ce projet à tout journaliste, tout éditorialiste, tout homme politique puis, tant qu'à faire, à tout le monde, afin que nous connaissions mieux le passé judiciaire de qui apparaît sur nos écrans !

Ce serait une bonne chose. Cela nous permettrait par exemple de savoir que le député M'jid El Guerrab a été évincé de La République en marche pour avoir frappé Boris Faure à coups de casque – ce qui, en langage juridique, qualifie des « violences volontaires avec arme ».

Vendredi 12 février

M'aigrir sérieusement

Le Défenseur des droits, Claire Hédon, journaliste à Radio France, aurait pu attendre le 1er avril pour annoncer sa proposition : elle souhaite créer des « zones sans contrôle d'identité », autrement dit : abandonner vraiment les territoires perdus de la République à ceux qui les tiennent déjà hors la loi.

Cette dame qui fait partie du Comité consultatif national d'éthique a également suivi une formation de juriste. C'est dire si elle connaît en effet et la morale et le droit. La preuve, elle a travaillé à France Inter.

On lui doit aussi un livre intitulé *Maigrir sérieusement.* Mais écrit en collaboration ; seule, elle n'aurait peut-être pas pu.

Samedi 13 février

Il a de la cuisse

Un club de lesbiennes amateurs de vins répondant au nom d'Œnologouine (*sic*) a pour programme de découvrir le vin « sans sexisme et sans paternalisme». Les ateliers sont interdits aux hommes.

Le vin blanc sera-t-il accepté? Coupé peut-être...

Lundi 15 février

Élevée au lait de Moscou

Après que l'affaire eut été révélée par les médias, Audrey Pulvar pleurniche à France Inter pour expliquer qu'elle était la fille d'un monstre pédophile. Entre deux larmes, la dame qui, hors ce cinéma, est aussi candidate de gôche aux régionales – l'élection explique la contrition –, s'arrache les cheveux et se couvre le visage de cendres. On lui passe des mouchoirs dans le studio de la radio nationale. Elle sanglote. Elle n'en peut plus. Elle s'étrangle. Elle renifle. Elle s'étouffe. Si ça dure encore un peu, elle va mourir, c'est sûr.

Le lendemain, les réseaux sociaux exhument un entretien qu'elle avait donné quatre ans plus tôt dans lequel, cette fois-ci avec un vibrato œdipien dans la voix, elle explique combien le même père était son héros : il était «à fond dans l'action politique», vibrato, il enchaînait «réunions syndicales» et «réunions politiques», vibrato, et «tout ça», vibrato, il parlait «combats», «grèves» et «actualité», vibrato, il était un héros sublime, vibrato, il rentrait tard dans la nuit après avoir assisté à des réunions syndicales, vibrato, etc. Et puis, sommet du sublime, elle confie, vibrato, trémolo, boulot, dodo, qu'elle restait éveillée après son retour afin d'« écouter avec lui Radio Moscou sur les ondes courtes quoi tu vois » – on comprend qu'elle ait une dilection particulière pour France Inter qui a pris le relais.

De gauche et pédophile ? comment cela pourrait-il être possible chez ceux qui se trouvent pour l'éternité du côté du Bien, des victimes, des petits, des humbles, des opprimés, des dominés, des sans-grade ? Encore une manœuvre de la fachosphère, une machination qui fait le jeu de la famille Le Pen. Un truc qui pue le rance des années sombres de notre histoire nauséabonde !

Jeudi 18 février

La science des ânes

La ministre des Universités s'inquiète de la progression de l'islamo-gauchisme dans les universités. Elle demande au CNRS d'enquêter – à quand un mandat donné par l'État à Marc Dutroux pour enquêter sur l'étendue de la pédophilie à Saint-Germain-des-Prés ?

Pendant ce temps-là, le Parti socialiste et Mélenchon rejouent la partition négationniste : l'islamo-gauchisme ? ça n'existe pas, ça n'a jamais existé, rompez les rangs.

Ceux qui osent une argumentation ne vont pas chercher bien loin : certes, le mot existe, mais il n'a aucune valeur *scientifique*! Le gros mot est lâché... Le CNRS dit quant à lui dans un communiqué : « l'islamo-gauchisme n'est pas une réalité scientifique ».

En revanche, fachosphère, pétainiste, collabo, vichyste, maurrassien, le mot extrême droite utilisé à tout bout de champ, voilà des concepts scientifiques validés par ces hommes de science que sont les patrons du PS et de FI !

Si la science c'est soit ça, soit Greta Thunberg, on comprend que la France ait été incapable de produire un vaccin contre le covid.

Vendredi 19 février

Quand la soupe est bonne

Emmanuel Macron a grossi. C'est le sujet du jour. Peu importe que la France s'effondre, que les Gilets jaunes aient été humiliés, frappés et insultés par lui, que les manifestants contre les réformes des retraites aient été eux aussi tabassés, que la lutte contre le covid soit aussi efficace qu'un mot susurré à l'oreille d'un sourd, que cette gestion calamiteuse génère misère, paupérisation, dépressions, que les étudiants fassent la queue aux épiceries solidaires, que des commerçants aillent vers la faillite, la tentative de suicide, voire le suicide lui-même, notre Roi mange et prend du poids. Qui peut le faire savoir sinon lui ?

Les communicants communiquent. L'Élysée estime qu'« il s'agit d'un événement positif ». Puis ceci : « Sur les photos, ces quelques kilos de plus lui donnent de la densité et de la maturité. » Enfin dense, enfin mûr : réjouissez-vous, bonnes gens, du bedon de Sa Majesté !

Sachant que « ventre affamé n'a point d'oreille », on ne pourra plus dire que, désormais, il ne peut ni écouter ni entendre ce que son peuple lui dit.

Vendredi 19 février

Résister en collaborant

Trois cent quatorze enseignants de français font savoir qu'ils s'engagent à ne plus enseigner la règle de grammaire qui dit que « le masculin l'emporte sur le féminin ». Le texte, rédigé bien sûr en langage inclusif, explique que l'enseignement de cette règle débouche tout droit sur le fait que les hommes frappent les femmes.

Quand on est fonctionnaire d'État payé par l'argent du contribuable pour enseigner la langue française, on peut aussi démissionner. Trouverait-on trois cent quatorze enseignants capables de cette élégance qui initierait une véritable résistance et lui donnerait du crédit ?

On peut aussi enseigner l'espéranto ou le volapük après avoir déclaré fasciste la langue française comme le fit un jour Roland Barthes dans sa leçon inaugurale au Collège de France.

Vendredi 19 février

Propaganda

Pap Ndiaye, professeur à Sciences Po, cosignataire du rapport sur la diversité à l'Opéra de Paris qui se souciait de la couleur des tutus, du maquillage et des collants roses des petits rats noirs ou métis, a été nommé directeur du musée de l'Histoire de l'immigration. Le lieu, subventionné par l'argent public, accueillera tous les combats de la lutte antiraciste ainsi que des débats décolonialistes. La chose fut précisée dans la matinale de France Inter.

Un candidat putatif pour le prix Lénine.

Lundi 22 février

Soumission, etc.

Une école privée d'Amiens a vu sa cour jonchée d'ordures : cadavres de bouteilles, poubelles éventrées, machine à laver et frigidaire hors d'usage, déchets balancés par la fenêtre de l'immeuble qui jouxte et surplombe le bâtiment – micro-ondes, boîtes de conserve et autres objets incongrus tombent chaque jour du ciel. Des agressions ont lieu à la sortie de l'école, un trafic de drogue se tient à proximité au vu et au su de tout le monde. Que croyez-vous qu'il fût fait? c'est l'école qui a été obligée de fermer…

Quand on ferme une école, c'est une prison qu'on ouvre.

Lundi 22 février

Braiment de sorbonagres

Six cents universitaires pétitionnent pour demander la démission de la ministre de l'Enseignement supérieur qui s'était inquiétée de la dictature intellectuelle islamo-gauchiste à l'université. Ces bonnets d'âne dénoncent «la menace d'une répression intellectuelle» !

L'université ne s'est jamais trompée : elle a toujours été du mauvais côté des idées.

Lundi 22 février

Moi je

Le rappeur Uzi, du nom d'une célèbre arme de guerre, un pistolet-mitrailleur, a organisé une fête clandestine pour célébrer son nouvel album. Entre cent cinquante et deux cents personnes se sont réunies, malgré l'interdiction à cause du covid, pour bambocher jusque tard dans la nuit.

À BFM où, bien sûr, il fut invité, il a commenté la chose : « Rien de bien méchant, juste notre façon de s'(*sic*) exprimer. » Puis cette justification narcissique et égocentrée : « On est jeunes, on a besoin de croquer la vie à pleines dents »...

Le commandant de police nationale de garde ce soir-là a-t-il fait dresser entre cent cinquante et deux cents contraventions comme la loi l'y oblige ? Que nenni... « Il a été demandé à nos collègues de procéder à la dispersion sans verbalisation des contrevenants », dit un policier de faction ce soir-là.

On aimerait que ce commissaire, dont le métier consiste à protéger les citoyens et faire respecter l'ordre républicain, à savoir la loi de la nation, refuse l'argent du contribuable que l'État lui verse comme salaire chaque fin de mois.

Un travail qui n'est pas fait ne mérite pas salaire. Dans le privé, c'est même un motif de licenciement.

Lundi 22 février

Penser comme un porc

Le maire écologiste de Grenoble impose une cantine sans viande... sous prétexte de geste barrière ! Les gogos avalent.

De faux malins vrais demeurés prétendent n'être pas dupes : cette décision aurait pour but de faire passer en douce des menus végans dans l'école. Or, ni le poisson ni les œufs ne sont prohibés dans ces menus !

Il ne vient à l'idée de personne que ce que le maire veut faire passer en douce c'est un menu non pas végan ou végétarien mais halal ?

Non, à personne…

Lundi 22 février

Les dépravés, suite

Cyril Hanouna embauche la multidélinquante Isabelle Balkany comme chroniqueuse dans son émission.

Bientôt Marc Dutroux ? Carlos Ghosn ? Nordahl Lelandais ? Jonathann Daval ? ou l'arrière-petit-fils de Landru ?

Il est vrai qu'on ne compte plus les éditocrates des chaînes d'information continue qui disposent d'un casier judiciaire… Un de plus, rien d'autre.

Balance ton poste en effet…

Mardi 23 février

Bon sang de bois

À Montréal, une chargée de cours à l'université McGill a donné un cours sur *Forestiers et voyageurs* de Joseph-Charles Taché, un récit entre littérature et sociologie, folklore et ruralisme publié en 1863. Vl'à-t-y pas qu'une étudiante a lu dans ce livre, page 99, qu'on y parlait de quelqu'un qui « travaillait comme un Nègre ». Ni une ni deux, l'étudiante se dit « traumatisée » et… porte plainte contre son enseignante. La presse a bien sûr donné la parole à cette pauvre polytraumatisée.

On espère qu'à cette heure elle est suivie par une cellule de psychologues. Elle en a bien besoin.

Mercredi 24 février

Intelligence vraiment artificielle

Une chaîne YouTube exclusivement consacrée aux échecs a été bloquée par une intelligence artificielle qui estimait qu'on y entretenait trop de « Blancs » et de « Noirs », mais aussi d'« attaque » dans ses contenus.

Il semble que « mat » n'ait pas été repéré par la police algorithmique. C'est pourtant une couleur de peau aussi.

Vendredi 26 février

Le cadeau bonus

À Sciences Po, où l'on formate la future classe politique aux bêtises du temps, des points de bonus sont accordés aux étudiants de sociologie qui utilisent l'écriture inclusive dans leurs copies. Le non-usage n'est pas pénalisé, disent les professeurs, pour la bonne et simple raison que « les étudiant.e.s étrangers.ère.s peuvent avoir davantage de difficulté à la mettre en œuvre». Et ceci : «Un demi-point bonus sera attribué à celles et ceux (*sic*) qui tenteront de l'utiliser.»

C'est ici, dit-on, que se fabrique l'élite de la classe politique française. On comprend mieux…

MARS

Mercredi 3 mars

Du droit d'être raciste

Amanda Gorman – et non *gore man* – poétesse noire qui avait été choisie par Joe Biden pour donner des gages à son électorat bobo en lisant un poème à la gloire de son investiture, est de ce fait devenue une vedette planétaire. Sautant au cou de la victoire, les éditeurs du monde entier s'arrachent désormais la traduction de son poème.

Aux Pays-Bas, elle devait être traduite par un auteur à succès, Marieke Lucas Rijneveld. Las ! cette dame souffre d'une tare irrémissible : elle est blanche ! Voilà pourquoi elle renonce en disant comprendre « celles et ceux (*sic*) qui se sentent blessés par le choix de sa maison d'édition ».

Mediapart parle du poème en question, *La colline que nous gravissons*, comme d'une œuvre « qui chante la réconciliation, l'unité dans la diversité, la justice, la force de la démocratie à laquelle elle aspire pour son pays». Tudieu!

Dommage qu'il n'existe plus, car, si l'on en croit le média susmentionné, il semble que cette poétesse aurait mérité elle aussi le prix Lénine.

Jeudi 4 mars

La cause du peuple (noir)

Dans une manifestation où elle pose poing levé, Assa Traoré porte des T-shirts Stella McCartney coûtant 450 euros pièce.

Mais c'est pour le bien de la cause anticapitaliste.

Samedi 6 mars

Rats des villes

Si les mairies gouvernées par des écologistes n'existaient pas il faudrait les inventer.

À Strasbourg, Europe Écologie Les Verts se penche sur le dossier des animaux nuisibles, genre rats d'égout ou punaises de lit – des humains comme les autres... En vertu de son tropisme de rééducation, cette avant-garde éclairée du monde écologique de demain souhaite remplacer l'expression «animaux nuisibles» par «animaux liminaires», ce qui change tout. Car un animal nuisible nuit, mais devenu liminaire, il ne nuit plus, il limine, voilà tout.

Qu'est-ce qu'un animal liminaire? diront les tenants du vieux monde, ces conservateurs réactionnaires fascistes vichystes, voire nazis. Réponse : un « animal qui n'est ni totalement sauvage ni totalement domestiqué, et qui vit donc à proximité de l'homme dans une certaine interdépendance avec lui (ex. : écureuil, raton laveur, pigeon, rat, etc.) ».

La conseillère municipale verte dit : « Il ne s'agit évidemment pas d'inviter les rats à votre table mais d'avoir, par rapport à tous ces animaux, une approche plus bienveillante puisque le terme de nuisible à lui seul est un terme très révélateur de notre position de principe vis-à-vis d'eux. » Puisque ces animaux ne sont ni sauvages ni domestiques, ils n'ont « nulle part où aller. Donc il faut bien que, bon gré mal gré, on accepte leur présence, tout en veillant à ce que celle-ci n'évolue pas au détriment de notre propre confort ».

Voilà un vrai projet politique pour ces animaux migrants.

Dimanche 7 mars

Choc de civilisations ?

En plein procès, à Foix, dans l'Ariège, un demandeur d'asile pakistanais de trente-six ans demande au juge qu'on lui « donne » une fille de quatorze ans. En France depuis trois ans, l'homme est entré dans un centre d'accueil pour les demandeurs d'asile armé d'un couteau pour intimider cette jeune fille russe qu'il convoitait depuis des mois et qu'il suivait sans cesse.

Au juge, il dit : « Moi, pakistanais. Elle, elle est russe. La France, ce n'est rien. Ce que je veux, c'est la fille. Donnez-moi la fille, c'est tout. »

Le juge l'a condamné à trois ans ferme. Voilà encore un magistrat qui va finir épinglé sur le mur des cons !

Dimanche 7 mars

La France macronienne

Marlène Schiappa, ministre de la Citoyenneté, a validé une exposition intitulée *109 Mariannes* sur le parvis du Panthéon à Paris. Parmi ces portraits, celui d'une astrophysicienne d'origine malienne qui porte le foulard islamique. La dame est également engagée dans les combats écologistes : elle milite dans une association de protection de l'environnement contre l'agriculture intensive. La ministre a dit : « formidable modèle pour des jeunes filles qui voudront se lancer dans les sciences ».

Et pour celles qui voudront se lancer dans l'islam politique ?

Lundi 8 mars

Gare aux gorilles

Place de la République, les femmes se sont crêpé le chignon dans une manifestation… féministe LGBTQ+ ! Des militants queers et trans, « antifascistes » bien sûr, ont participé à une échauffourée avec des féministes qui dénonçaient la banalisation de la prostitution. Les militants du mouvement pro-prosti Queer contre « l'islamophobie », bien sûr, ont rencontré les membres du collectif Abolition porno-prostitution. Il en est sorti une bagarre en bonne et due forme.

En attendant que l'Internationale soit le genre humain, il reste de la route à faire !

Lundi 8 mars

Berezina ministérielle

Questionnée pour savoir s'il fallait commémorer le bicentenaire de la mort de Napoléon, la ministre chargée de l'Égalité entre les femmes et les hommes et de la Diversité, Élisabeth Moreno, a estimé que Napoléon était « l'un des plus grands misogynes » qu'il lui ait été donné de lire (*sic*), car madame a *lu* les œuvres complètes de l'Empereur ! Ce qui voulait dire qu'à la question posée elle répondait sans répondre tout en répondant : non.

L'un des plus grands misogynes avec Mahomet, quand même, un peu, non ?

Lundi 8 mars

Les mains sales

À la même question, faut-il oui ou non commémorer Napoléon, le député de la France insoumise Alexis Corbière, qui en pique pour Robespierre, en tâte pour Lénine, tout en salivant pour Castro et Mao, est lui aussi contre. Pour quelles raisons? Napoléon a été le fossoyeur de la République « en mettant fin à la première expérience républicaine de notre histoire pour créer un régime autoritaire ».

Le gouvernement révolutionnaire, la loi sur les suspects, la guillotine, la Terreur, le Goulag, la Kolyma, le Laogai, Pol Pot, les prisons de Castro, oui ; Napoléon, non, c'est un dictateur…

Rappelons que, jadis, quand il n'était pas encore un *apparatchik* de la politique politicienne, ce monsieur enseignait l'histoire au lycée.

Lundi 8 mars

Des nouvelles de l'antéchrist

En voyage en Irak, le pape François a été reçu par l'ayatollah Ali al-Sistani, la figure shiite majeure dans le pays. Voici ce que le chef des chrétiens en a retiré : « Il a été si respectueux pendant notre rencontre que je me suis senti honoré. Il ne se lève jamais habituellement pour saluer, mais s'est levé pour me saluer par deux fois. »

Que le pape en fasse des tonnes parce qu'un ayatollah se lève pour le saluer est proprement sidérant ! Qu'une politesse élémentaire soit prise par lui pour une marque extraordinaire de déférence en dit long sur la guerre perdue des chrétiens face à un islam qui veut leur perte.

Il est loin le discours de Ratisbonne du pape Benoît XVI qui, d'ailleurs, aurait bien pu démissionner parce qu'il ne cochait pas les cases du politiquement correct planétaire.

L'antéchrist se porte bien, il loge au Vatican.

Lundi 8 mars

Et ta sœur ?

À la faveur de la Journée des femmes, Anne Hidalgo a fait savoir qu'elle militait pour une meilleure représentation de ses semblables au pouvoir. Mais, prévenant la remarque, elle a ajouté que sa sororité s'arrête devant Marine Le Pen : « Je ne vais pas dire qu'elle n'est pas une femme », dit-elle – mais avec cette gauche-là, elle aurait tout de même pu oser le dire, on sait que cette gauche de droite ose tout en la matière et que c'est d'ailleurs à cela qu'on la reconnaît. Elle ajoute que, bien que femme, Marine Le Pen présente des caractéristiques d'une autre nature : elle est d'extrême droite ! « Évidemment, face à l'extrême droite, même incarnée par une femme, ma sororité ne serait vraiment pas au rendez-vous », a-t-elle précisé sur les ondes de la radio d'État France Inter.

C'est en refusant à l'autre son statut d'humain qu'on a pu exterminer, au nom de la gauche ou du socialisme national hitlérien, une quantité de non-hommes, de sous-hommes, d'*Untermenschen*...

Marine Le Pen comme femme qui n'est pas une femme, c'est le premier pas vers l'avenir radieux du gaz et des barbelés. Elle est comme un rat, n'est-ce pas ? Un rat, un cafard ou tout autre animal nuisible...

Ah ! comme la gauche est belle quand elle vocifère : « La liberté ou la mort » – autrement dit : « Pensez comme moi sinon je vous guillotine. »

Lundi 8 mars

L'aberration

Le même jour, dans *Libération*, le bulletin paroissial d'Anne Hidalgo et de ses amis, on fêtait la sororité socialiste antifasciste d'une bien étrange manière. Car c'est en cette journée bien particulière des droits de la femme, rappelons-le, que ce journal subventionné par l'argent du contribuable à hauteur de presque six millions par an sans lesquels, sinon, il crèverait dès demain matin, a publié le témoignage d'un jeune homme qui a violé sa femme et raconte son forfait complaisamment annoncé en une et tartiné en page intérieure.

En guise d'avant-propos, le journal a souligné « la force intellectuelle, la fougue de ce texte » ! C'est, dit-il, un texte « qui vise à nous interpeller, à nous sortir de la zone de confort (*sic*) consistant à considérer que le violeur, le monstre, c'est l'autre ».

La jeune fille violée, actuellement dans un hôpital psychiatrique pour dépression, on peut la comprendre, a donné son accord pour la publication, a fait savoir *Libération* à ses lecteurs.

Ah bon, alors tout va bien…

Juste une précision socialiste et antifasciste : le violeur s'est exprimé en écriture inclusive.

Ah bon, alors tout va bien (*bis*)…

Mercredi 10 mars

Bite nique

Le féminisme post-beauvoirien est déjà riche de belles heures : il milite pour que les femmes puissent garder leurs poils sous les bras, sur les jambes et le pubis, pour le droit à sentir mauvais associé à celui de refuser tous les produits déodorants, pour le droit à uriner debout, pour le droit à faire monologuer leur vagin, pour le droit aux protections périodiques gratuites, cette fois-ci pour le droit à faire figurer les pathologies du clitoris dans la liste officielle des maladies. Elles ont pour ce faire installé un clitoris géant, rouge bien sûr, sur la place du Trocadéro. Le clitoris faisait ainsi face à la tour Eiffel, symbole phallique s'il en est un ! C'était un bon coup, si je puis dire.

À l'origine de cette performance, « le Gang du Clito » – on a la Bande à Bonnot qu'on peut... On lui doit un *Guide de la masturbation féminine* ainsi qu'un *Petit guide de la foufoune sexuelle*, un livre pour les enfants à partir de quatre ans dont *Le Monde* et *Libération* ont dit le plus grand bien – on a *Le Deuxième Sexe* qu'on peut.

Nul doute que la cause des femmes avance à toute allure – dans Paris *intra-muros*.

Jeudi 11 mars

Pas con

En rendez-vous matutinal avec la journaliste Laurence Ferrari sur CNEWS, le philosophe André Comte-Sponville a parlé pendant vingt minutes. La chaîne a conservé deux de ses meilleurs moments qui sont ensuite passés sur un bandeau défilant toute la journée. Le premier : « On a le sentiment (*sic*) que chez une partie de la jeunesse, la violence tend à se développer. » Le second, sur l'ultraviolence des mineurs : « Je crois qu'il faut revaloriser l'idée (*sic*) de sanction à l'école. »

La chaîne n'a pas trouvé de troisième moment.

Dimanche 14 mars

Adieu les cons !

La cérémonie des césars fut à la hauteur de ce qu'est devenu le cinéma français qui n'est plus qu'une industrie du politiquement correct. Grossièreté, vulgarité, bêtise, scatologie, obscénité, indécence, rien n'a manqué…

Une actrice sans œuvre est apparue vêtue d'une peau d'âne ; elle portait des tampons périodiques en boucles d'oreilles ; elle s'est hélas dénudée ; elle a montré son corps de presque sexagénaire sur lequel elle avait écrit des slogans au marqueur ; elle avait aussi barbouillé son corps de faux sang ; elle a tenu un discours convenu, très convenu ; elle a dû se croire subversive ; elle disait combattre pour la réouverture des salles fermées à cause du covid. Chacun a pu constater combien cette méthode était la bonne…

La France a ainsi donné au reste du monde une image d'elle qui correspond bien à ce qu'elle est devenue : une nef des fous à la dérive…

Albert Dupontel, génial réalisateur, génial acteur, génial scénariste, n'était pas là. Il a raflé six césars. Le titre de son film ? *Adieu les cons.*

C'était tout à fait ce que l'on avait envie de dire à cette engeance…

Mercredi 17 mars

Les chiffres et les lettres

L'inculture avance, les preuves ne manquent pas. Lire, écrire, compter, penser est devenu caduc. Dans cette configuration, bien sûr, plus personne ne sait plus compter en chiffres romains.

De sorte que le musée Carnavalet fait ce que le Louvre pratique déjà : les cartels évitent les chiffres romains. Désormais, il est question d'Henri 4, un roi à cheval sur le 16e et le 17e siècle, et de Louis 15, un roi du 18e siècle.

Les textes sont réduits au strict nécessaire, deux ou trois lignes, pas plus. Ceux que « l'écrit rebute », comme il est dit, les « illettrés », comme je dirais, disposent d'un pupitre avec dessins tactiles qui fait appel à la méthode Falc qui veut dire : facile à lire. Au départ, il s'agit d'une méthode mise au point par les fédérations de personnes handicapées ; à l'arrivée, c'est une méthode utilisée pour tous…

Les chiffres romains disparaissent et sont remplacés par les chiffres arabes.

Tout va bien.

Mercredi 17 mars

Des nouvelles de Tata Yoyo

Débaptiser les rues est devenu un sport dans notre civilisation judéo-chrétienne en phase terminale. Tout ce qui rappelle le passé dit blanc, catholique, phallocratique, colonialiste, misogyne, patriarcal, sexiste, homophobe, doit disparaître : du passé faisons table rase !

En Belgique, Jour de la femme oblige, les autorités ont décidé de débaptiser un tunnel (!) qui portait le nom du roi Léopold II (disons : Léopold 2...), au profit d'Annie Cordy, Léonie Juliana Cooreman dans le civil, anoblie par le roi des Belges et de ce fait devenue baronne.

Las ! la dame a commis une chanson comme elle en faisait – ses textes relevaient souvent de la méthode Falc à leur manière – dont le titre est *Cho Ka Ka O*. Les nouveaux puritains ont estimé qu'elle y activait des stéréotypes racistes.

Cot cot coin coin, comme elle aurait dit...

Mercredi 17 mars

Dr Richard et Mr Berry

L'acteur Richard Berry est visé pour une enquête pour viol et agressions sexuelles sur sa fille...

Il était le parrain d'une association de protection de l'enfance.

Jeudi 18 mars

Vert coranique

Les Écologistes du conseil municipal de Strasbourg votent une subvention de 2,5 millions d'euros pour construire une mosquée. C'est culturel, disent-ils, pas cultuel – comme l'islamo-gauchisme en fait. Un élu vert explique que refuser pareille subvention serait possible à condition d'agir de même avec les paroisses catholiques en raison des positions sexistes et homophobes du Vatican.

Chacun sait en effet que l'islam adore les femmes et les homosexuels. Il suffit de lire le Coran pour s'en persuader – ou de *relire* pour l'élu vert.

Vendredi 19 mars

Les chiens ne font pas des chats

Pour la première fois de sa vie, le prince Harry va travailler. Il faut bien depuis qu'il a échoué à obtenir le beurre et l'argent du beurre royal. Il a donc trouvé un poste dans une *start-up* américaine spécialisée dans le *coaching* professionnel, le conseil en santé mentale et l'apprentissage immersif. Il exerçait ses talents dans le caritatif. On lui doit cette sentence philosophique : « Le *coaching* proactif procure des possibilités infinies pour le développement personnel, une meilleure conscience des choses et, globalement, une meilleure vie. »

Avec un salaire d'un million de dollars, c'est sûr que ça aide à avoir une meilleure vie. Sa mère ne lui aurait pas donné tort ; sa grand-mère, peut-être que si.

Vendredi 26 mars

Infernal !

Un éditeur néerlandais a décidé de mettre sur le marché une nouvelle traduction de *L'Enfer* de Dante. Succombant à l'idéologie woke, il a purement et simplement supprimé les vers où il est question de Mahomet.

Dans son voyage aux enfers, Virgile rencontre en effet Mahomet et son gendre Ali coupables d'hérésie. En tant que schismatique, Mahomet est coupé en deux chaque fois qu'il passe devant le diable. On le voit la tête coupée avec les intestins pendants. Le décapiteur décapité, lire ou relire ses biographies, voilà qui est inconvenant…

À Florence, la tombe du poète est régulièrement menacée de profanation par des musulmans. Une fresque qui représente cet épisode dans la basilique San Petronio est elle aussi visée et de ce fait gardée par la police.

L'enfer, c'est bel et bien les autres, mais pas tous…

Vendredi 26 mars

Prendre ses rêves pour la réalité

Marlène Schiappa a imprudemment annoncé qu'avec la charte de l'islam de France les imans allaient reconnaître le droit des couples homosexuels à se marier. Elle a précisé : « Cette charte est engageante. L'idée c'est de dire "comment on s'engage dans la lutte contre l'homophobie ?" Est-ce que ça veut dire que dans les prêches on considérera que deux hommes ont le droit de s'aimer, de se marier, comme deux femmes ont le droit de s'aimer, comme le disent les lois de la République ? C'est cela que dit cette charte. »

La réponse ne s'est pas fait attendre : le recteur de la Grande Mosquée de Paris a qualifié d'« incompréhensibles et inacceptables » les propos de la ministre.

On aurait aimé savoir pour quelles raisons !

Samedi 27 mars

Un nouveau musée d'Art naïf

Un collectif d'artistes américains prévoit une opération de dix semaines intitulée *Strike MoMa* – autrement dit *faire grève* ou *renverser le Moma* – afin de stigmatiser un musée raciste, élitiste, misogyne, « anti-noiriste » (*sic*), patriarcal, écocide. Il s'agit de confisquer le pouvoir des milliardaires dans ce musée, en fait les collectionneurs, pour le donner aux « travailleurs ».

Que faire des œuvres incriminées ? Un autodafé ?

Dimanche 28 mars

La bonne raciste

Mme Pulvar se dit « résolument de gauche, fièrement de gauche, exclusivement de gauche ». Cette journaliste socialiste, candidate à la présidence de la région Île-de-France, justifie qu'un Blanc puisse assister à des ateliers « en non-mixité raciale » organisé par l'Unef, syndicat étudiant de gauche, à la condition expresse *qu'il se taise...*

On pourrait aussi lui couper la langue, non ?

Lundi 29 mars

Barbares postmodernes

Un professeur d'histoire romaine de Stanford a estimé dans une conférence que « la production de la blanchité réside dans les entrailles même des classiques » ! Applaudissements dans la salle. Il a ajouté : « J'espère que la matière va mourir, et le plus tôt possible. » Des collègues emboîtent le pas à ce barbare postmoderne. L'une d'entre elles, qui porte un vagin, comme on dit dans ce milieu-là, ajoute que l'Antiquité « a été historiquement impliquée dans le fascisme et le colonialisme, et continue d'être liée à la suprématie blanche et à la misogynie». Cette dernière invite clairement à «tout détruire par les flammes».

Comme Adolf Hitler avant elle.

Mardi 30 mars

Perdre la tête

Le Planning familial de Paris publie sur son compte Facebook une image de Salomé portant la tête de Jean le Baptiste sur un plateau. Un dialogue, en anglais bien sûr, accompagne ce message : «Les femmes doivent servir les hommes», et ces militantes faisaient dire à Salomé : «Comme ça ?» Suivait ensuite un : «Bonne journée.»

Au Planning familial, il y a convergence des luttes avec les assassins islamistes.

Mardi 30 mars

Un versaillais à l'Élysée

Pour commémorer le cent cinquantième anniversaire de la Commune, le président Emmanuel Macron dit : «Versailles, c'est là où la république s'était retranchée quand elle était menacée.» Autrement dit, sa République, c'est celle de Thiers, défenseur des privilèges de la bourgeoisie, et la prétendue menace pour la république, c'était la république sociale, le contraire de la sienne.

Rien n'a vraiment changé depuis. Qu'on demande leur avis aux Gilets jaunes.

AVRIL

Vendredi 2 avril

La belle âme puante

En 1993, l'historien Michel Christophe Kiener coécrit un livre avec une thérapeute familiale intitulé *L'Enfance violentée*. L'ouvrage est préfacé par le président du Bureau international des droits de l'enfant, par ailleurs ancien président du tribunal pour enfants de Bobigny. Ce monsieur Kiener, agrégé d'histoire, adjoint au maire socialiste de la ville de Limoges, président de feu l'ensemble baroque de Limoges, membre de la Ligue des droits de l'homme du Limousin, auteur d'ouvrages sur la Résistance et le rail, le maquis, les familles juives, les Mémoires d'un rabbin avec une préface de Serge Klarsfeld, allait sur les plateaux de télévision défendre la cause des enfants violés. Une fois rentré chez lui, il agressait et violait neveux et nièces.

Un bel exemple de *gauche morale*, comme on dit.

Dimanche 4 avril

« Requestionner au filtre »

Les écologistes ont encore frappé : lors d'un conseil municipal, Mme le maire écologiste de Poitiers a proclamé que « l'aérien ne doit plus faire partie des rêves d'enfant ». Après quoi elle a coupé les subventions de deux aéroclubs afin de « protéger l'avenir » de la jeunesse ! Il s'agit en effet de « requestionner toutes nos politiques au filtre du changement climatique ». L'avion pollue, pas question de subventionner la pollution.

Mme Moncond'huy, c'est son vrai nom, fut scoute protestante dans sa jeunesse. Visiblement, ça laisse des traces…

Lundi 12 avril

Grand Remplacement

Tariq Ramadan, bien connu pour ses prêches et désormais plus encore pour ses troisièmes mi-temps d'après prêche, se lance dans la chanson. C'est du slam bien sûr. Donc de la poésie post-moderne. Voici l'un de ses vers : « Vous allez perdre vos privilèges et votre identité, la mixité serait donc votre perte et bientôt vous serez sauvagement (*sic*) remplacés. »

Les paroles seraient-elles de Renaud Camus ?

Mardi 13 avril

L'État dictateur

On peut lire dans le *Bulletin officiel des annonces de la République française* un appel d'offre « d'Écoute sociale » (*sic*) ayant pour objet « la fourniture d'outils de *social listening* (la fameuse écoute sociale…) et de mesure d'impacts sur les réseaux sociaux », ce qui permet « au gouvernement de détecter, analyser et mesurer les préoccupations et attentes des internautes vis-à-vis de son action en particulier et de l'actualité en général ». Le but consiste à instaurer une « veille en temps réel des espaces d'expression en ligne », mais aussi à mettre à jour des « mesures d'impact des contenus publics hébergés sur les espaces d'expression en ligne ». Autrement dit : permettre à l'État de surveiller les réseaux sociaux. Quelques mois avant les élections présidentielles, l'État se met donc au service, avec l'argent du contribuable, du président sortant qui pourra ainsi activer ces données pour influencer ou conditionner l'électorat.

La dictature n'est donc pas dans le pass sanitaire, le chef de l'État doit bien rire de cette diversion !

Mercredi 14 avril

À fond la forme

L'université de Hull en Angleterre invite ses enseignants à ne pas pénaliser les étudiants avec les fautes d'orthographe, ce qui s'avérerait une pratique discriminatoire alors qu'il faut assurer l'égalité des chances et que le langage académique repose sur un mode d'expression « homogène, nord-européen, blanc, masculin, élitiste et dépendant d'un haut niveau de maîtrise technique de l'anglais écrit et oral ». Le but ? « Développer une voix académique (*sic*) plus authentique, une voix qui peut communiquer des idées complexes avec rigueur et intégrité, plutôt que d'obscurcir leur parcours ou leurs caractéristiques particulières. » On sait que, dans l'histoire, l'université a fait tous les bons choix ; elle continue sur sa lancée.

S'il est acquis que la forme compte pour rien, à quoi bon continuer à discriminer sur le fond ? Dès lors, donnons le diplôme à toute copie blanche… enfin : non rédigée.

Jeudi 15 avril

Fumer tue

Le 4 avril 2017, un musulman d'origine malienne radicalisé, Kobili Traoré, a tué Sarah Halimi, une dame de soixante-cinq ans, parce qu'elle était juive.

Il était son voisin et la menaçait en permanence. Cet homme qui avait un long casier judiciaire s'est acharné sur elle pendant quarante minutes. Il hurle « *Allah Akbar* », insulte sa victime, la traite de « grosse pute », puis de « *sheitane* » – démon en arabe. Alors qu'il s'apprête à la jeter par le balcon et qu'il comprend qu'il a été repéré, il crie : « Attention, il y a une vieille dame qui va se suicider » avant de la précipiter dans le vide.

La Cour de cassation a rendu son jugement en concluant à l'irresponsabilité pénale du meurtrier : il n'y aura donc pas de procès. Il a eu une « bouffée délirante aiguë » après avoir consommé beaucoup de cannabis.

J'ignorais qu'une bouffée, « un accès subit et passager » selon Littré, pouvait durer quarante minutes…

Jeudi 15 avril

Robespierre en Bolivie

Pendant que les Français sont confinés et ne peuvent sortir à plus de dix kilomètres de chez eux pour cause de covid, Jean-Luc Mélenchon, politicien professionnel, s'affranchit de cette loi et fait une tournée en Amérique du Sud.

On imagine sans grande difficulté à quoi ressemblerait le règne de ce grand ami de la liberté – pour lui-même.

Jeudi 15 avril

La vérité du mensonge

Le directeur de France Info affirme : « Il n'y a pas de *blacklist* à France Info. »

On l'imagine mal disant le contraire…

Vendredi 16 avril

Bis repetita

La présidente de France Télévisions, Delphine Ernotte, dit : « France Télévisions est un service public où précisément on défend la liberté d'expression et d'opinion (*sic*). »

Laurent Guimier, directeur de l'information, défend les 2600 journalistes de France Télévisions en affirmant qu'ils sont « rigoureux, compétents, intransigeants et indépendants ».

Si le ridicule tuait, il y aurait au moins deux morts.

Vendredi 16 avril

Voile est vapeur

Au conseil municipal de Vincennes, un élu écologiste a refusé de voter une subvention au yacht club car son parti, EELV, ne subventionne pas les « sports qui émettent des polluants ». Le maire

UDI a dû préciser au jeune marin d'eau douce : « C'est de la voile ! Ça avance avec le vent un bateau. »

Les écologistes qui militent pour la captation vidéo et la retransmission des conseils municipaux travaillent parfois contre eux.

Dimanche 18 avril

Des nouvelles de l'antéchrist

Le président de la communauté musulmane d'Indre-et-Loire rassemble des dons pour construire une mosquée. Dans *La Nouvelle République*, il remercie « le patron de Coca-Cola Algérie qui a offert 150 000 euros pour la toiture », mais aussi les dons d'élus de la Métropole, ceux « de la communauté juive de Tours, et du diocèse pour la partie culturelle (*sic*) de la mosquée ».

Héautontimoroumenos…

Dimanche 18 avril

Le zen vert

L'action se passe à Castanet-Tolosan, près de Toulouse, avant le conseil municipal d'une majorité écologiste. Le maire passe la parole à son adjointe à la jeunesse et au sport, une professionnelle de la relaxation dans le civil, qui invite chacun à « prendre un petit temps de centrage », puis à bien se tenir assis, enfin à « fermer les yeux quelques secondes afin de respirer en conscience ».

Il manque un chapitre au *Contrat social* de Rousseau, Jean-Jacques pas Sandrine, sur l'excellence de ce yoga républicain…

Lundi 19 avril

Déconstruire Macron

Sur une chaîne américaine, Emmanuel Macron, rappelons-le président de la République française toujours prompt à défaire ce qu'il devrait préserver, a proclamé que la France souffre de racisme, il n'a pas dit de qui vers qui, et que tout cela procédait de son passé colonial. Il a de ce fait justifié un projet de « déconstruction de notre propre histoire ».

Commençons par celle de Macron et du macronisme.

Lundi 19 avril

Fake news algériennes

Le conseiller pour les questions mémorielles du président algérien accuse la France coloniale d'avoir « éliminé les personnes qui lisaient et qui écrivaient en Algérie ». Et puis ceci : « La France a œuvré pour répandre (*sic*) l'analphabétisme en Algérie. » Comment répand-on l'analphabétisme en ouvrant des écoles? Ce serait intéressant à savoir…

Simone de Beauvoir, grande amie, avec Sartre, de l'indépendantisme algérien, a regretté dans *Tout compte fait*, dès 1972, ce qu'était devenue l'Algérie après son indépendance : elle mettait en relation l'analphabétisme avec l'arabisation et l'islamisation de la société algérienne. Elle est peu susceptible de porter la parole coloniale…

Conseillé par Benjamin Stora, Emmanuel Macron ira probablement bientôt demander pardon.

Lundi 19 avril

Chute des Pierre

Le président de la République Emmanuel Macron s'est rendu dans un quartier sensible de Montpellier, la Mosson, première ville française pour la consommation d'ecstasy. Il a rencontré une mère de famille qui lui a rapporté que son fils lui a demandé si le prénom Pierre existait encore en dehors des livres.

Encore un jeune sauvageon qui fait le jeu de Marine Le Pen !

Lundi 19 avril

Discrimination positive

À Montpellier, toujours, une société coopérative spécialisée dans la collecte de fonds pour les ONG, La Collective, vient de mettre en place un congé menstruel d'un jour par mois pour toute femme ayant des règles douloureuses sans justification et sans perte de salaire.

Outre qu'on se demande pourquoi un jour seulement, cette décision témoigne d'une incroyable discrimination pour les femmes ménopausées et pour nos amis les hommes.

Mardi 20 avril

Suite…

Le site neonmag.fr vend des culottes menstruelles Moodz. On y trouve un « boxer non genré à destination de toutes les personnes qui ont leurs règles ».

Je me tâte pour m'en commander un.

Jeudi 22 avril

Pensée voilée

Sur le plateau de Cyril Hanouna, Brulux, Hedi Chabar de son vrai nom, dit à Alice Cordier, une jeune et jolie féministe identitaire présidente de Némésis : « Mettez un voile, vous serez plus belle. »

Il est vrai que le Brulux en question, qui a fait deux mois de préventive pour violence conjugale, sait parler aux femmes.

Jeudi 22 avril

Identitaires bruxellois

La nouvelle carte d'identité française exigée par Bruxelles sera bilingue. Titre et rubriques seront donc désormais sous-titrés en anglais.

Pourquoi est-elle encore à moitié rédigée en français ? Encore un coup des Blancs racistes, phallocrates et colonialistes.

Lundi 26 avril

Coût de pompes

Une paire de baskets Nike Air Yeezy 1 portée par le rappeur Kanye West a été vendue par Sotheby's à une plateforme d'investissement spécialisée en achat de baskets rares pour 1,8 million de dollars.

À quand, nouvelles saintes reliques, la mise aux enchères des chaussettes utilisées dans ces chaussures par le rappeur ?

Vendredi 30 avril

En progrès vers la caverne

La Finlande et les États-Unis travaillent à l'abolition de l'écriture cursive au profit des claviers. Au Royaume-Uni, en revanche, on s'inquiète de la façon dont les enfants tiennent leurs crayons… Des scientifiques ont découvert que l'usage trop précoce et intensif des outils numériques ruine les efforts d'apprentissage de la micro-motricité qui permet d'écrire à la main.

Le clavier est un outil de l'analphabétisme. Les Gafam applaudissent des deux mains.

MAI

Samedi 1er mai

Révolutionnaires subventionnés

Le 13 juin 2016, à Magnanville, un commandant de police et sa femme sont assassinés par un djihadiste. L'État islamique revendique l'attentat.

Ce 1er mai des black blocs taguent dans Paris : « Acab. Magnanville partout. » Ils n'ignorent pas ce que signifie Magnanville, ils invitent donc au meurtre de policiers.

France Culture reçoit quelques spécimens de cette engeance. La chaîne prend le soin de préciser qu'elle a invité « ceux que l'on (*sic*) appelle black blocs » et justifie ses pudeurs en ajoutant « parce qu'on les appelle souvent black blocs, mais les principaux concernés n'apprécient pas trop cette appellation considérée comme une construction médiatique ». Quand il s'agit de traiter de fasciste, d'extrémiste de droite, de lepéniste, de réactionnaire, sinon de vichyste, la chaîne du service public se montre moins précautionneuse. L'un de ces BB cajolés par France Culture précise qu'il est « mal à l'aise avec le terme de violences : on casse des vitrines de banques, d'assurances qui, pour nous, représentent des dépossessions ».

Il ne leur vient pas à l'idée qu'ils pourraient aussi brûler la Maison de la radio comme lieu de pouvoir emblématique du capitalisme libéral maastrichien et que ce ne serait pas plus une violence ? Tuer des policiers oui, mais sans oublier d'enlever ses chaussures et mettre ses chaussons quand on rentre dans un studio de France Culture.

Mercredi 5 mai

Paille et poutre

À la France insoumise, on refuse (toujours, cf. 8 mars) de commémorer Napoléon : « Qu'est-ce qu'un républicain pourrait bien célébrer d'un régime dont le chef a concentré tous les pouvoirs entre ses mains ? » dit Alexis Corbière, l'un des *apparatchiks* du parti.

Cet admirateur de Robespierre qui a un portrait de Lénine chez lui est-il le mieux placé pour fustiger les chefs qui ont concentré tous les pouvoirs entre leurs mains ?

Mercredi 5 mai

Blanche (sic) -Neige

Un parc Disneyland californien montre Blanche-Neige réveillée par le baiser du prince charmant qui la sort du sommeil dans lequel une sorcière l'avait plongée. Des féministes estiment que ce baiser non consenti définit une violence sexuelle, un viol même, et qu'on ne saurait montrer cette chose au public.

On le sait, ces féministes préfèrent les sorcières et leurs maléfices.

Mercredi 12 mai

Racaille toi-même

Accusé d'avoir traité un policier de « racaille de flic », Taha Bouhafs a été relaxé par le tribunal après deux ans de procès.

Racaille n'étant pas une insulte, on pourra désormais en appeler à cette jurisprudence pour qualifier ce journaliste à Media TV de racaille.

Vendredi 14 mai

Collaborer c'est résister

Chaque année, sur le lieu symbolique de la Résistance qu'est le plateau des Glières, via l'association CHRA, Citoyens résistants d'hier et d'aujourd'hui, la « gauche » célèbre ceux dont elle pense qu'ils sont les Jean Moulin d'aujourd'hui. Assa Traoré est conviée. Au programme, une conférence intitulée : « Marxisme, une philosophie de combat ».

Même entre le 23 août 1939 et le 22 juin 1941, dates du Pacte germano-soviétique, pendant lequel le marxisme a surtout été une philosophie de collaboration avec Hitler ?

Mercredi 19 mai

Dans le train

Une compagnie ferroviaire anglaise s'est platement excusée d'avoir fait une annonce commençant par « mesdames et messieurs » parce qu'elle n'était pas inclusive après qu'une agente LGBTQ+ se fut sentie offensée. Elle avait tweeté : « En tant que personne non binaire, cette annonce ne s'applique pas réellement à moi, donc je ne l'écouterai pas. »

Comment peut-elle être contre une annonce qu'elle n'a pas écoutée ?

Mercredi 19 mai

Big Twitter

Répondant à un transgenre qui annonçait la naissance de sa fille sur Twitter, un député espagnol répond sur son compte qu'« un homme ne peut pas tomber enceinte. Un homme n'a ni utérus ni ovules » : Twitter le suspend au prétexte qu'il a violé la politique de la plateforme en matière de « discours de haine »...

Aucun compte Twitter de taliban n'a pour l'heure été suspendu.

Vendredi 21 mai

« Semence de Nègre »

Le rappeur Youssoupha est pressenti pour interpréter l'hymne officiel des Bleus pour l'Euro 2021. C'est l'homme à qui l'on doit le désormais célèbre : «J'mets un billet sur la tête de celui qui fera taire ce con d'Ric Zemmour. » Ou bien encore : «J'mélange mes fantasmes et mes peines / Comme dans ce rêve où ma semence de Nègre fout en cloque cette chienne de Marine Le Pen. » Sinon : « Moi je m'en bats de la France d'en bas, je représente la France d'ailleurs », « Depuis le 21 avril, je sais que les Français sont des racistes conscients ». Il a créé un label intitulé Bomayé qui, dans la langue de ses ancêtres africains, signifie « Tue-le ». Il a prévu qu'on puisse ne pas aimer son art en écrivant : « Le rap est en osmose avec son époque / Le message qu'il porte dérange les porcs qui lui ferment la porte. »

C'était la bonne personne, en effet, pour porter les couleurs de la France – d'ailleurs.

Vendredi 21 mai

L'eugénisme de gauche

La présidente propalestinienne et antisioniste de la Fédération syndicale étudiante (FSE) Hafsa Askar écrit sur son compte Twitter : « Les Blancs, ne vous reproduisez plus. » Puis, comme si cela ne suffisait pas : « Les Blancs il faut les gazer. »

On imagine bien que celle qui écrit aussi « Israël assassin » intègre probablement ces Blancs-là dans son projet.

Vendredi 21 mai

Fifille à son papa

Marine Le Pen ne croit pas à la candidature d'Éric Zemmour mais demande à son père de le dissuader d'y aller. Le père en question a dit : « Zemmour n'a aucune chance, ni physiquement (*sic*) ni politiquement. [...] Je le lui dirai. »

On ne sait si le général de Gaulle a demandé à maman s'il devait lancer son appel du 18-Juin.

Vendredi 21 mai

Du bon racisme

Mme Lori Lightfoot, maire métis de Chicago, n'autorise que les journalistes métis et noirs à l'interroger.

Pourquoi les métis ? À moitié blancs, ils sont tout de même à moitié coupables, non ?

Dimanche 23 mai

Des bonnes pollutions

Jean Castex, Premier ministre de la France, inaugure la réouverture de la ligne de nuit Paris-Nice. Il fait les annonces aux passagers à la place du chef de bord. Lesdits messages sont diffusés en même temps sur les réseaux sociaux. Dont un sonore : « Longue vie au Paris-Nice ! » Le train de nuit, politiquement correct, écoresponsable, etc., est vanté comme il se doit.

Le lendemain, le Premier ministre a repris son Falcon pour rentrer à Paris.

Vendredi 28 mai

La propagande d'État

La publicité a toujours été un haut lieu de propagande de l'idéologie dominante.

Ces temps-ci une série d'affiches publicitaires nous éduque à coup de « Oui ma fille est lesbienne », « Oui ma petite-fille est trans », « Oui ma coloc est lesbienne », ou bien encore « Mon père est gay », tout cela pour un seul message : « Face à l'intolérance, à nous de faire la différence. » L'agence revendique son rôle éducateur : « Babel prend le parti de montrer la voie à suivre », dit-elle.

L'argent du contribuable investi pour la promotion de la transsexualité, sous couvert de promouvoir la tolérance, en voilà une belle ficelle !

Vendredi 28 mai

Théâtre de boulevard

La municipalité écologiste de Lyon propose, pour régler les tensions entre les délinquants et la police, de réunir les protagonistes dans des spectacles communs.

Prochaine étape : la représentation de cet atelier théâtre tout le monde à poil sur la grande scène au festival d'Avignon ?

Samedi 29 mai

L'eugénisme libéral

En 2014, un clip avait été tourné pour attirer l'attention sur la dignité des trisomiques 21. Le Conseil supérieur de l'audiovisuel a censuré la vidéo dans laquelle une petite fille handicapée avait dit qu'elle était heureuse d'exister, que sa vie était belle et digne d'être vécue. Comme cette initiative « pouvait troubler la conscience des femmes qui, dans le respect de la loi, avaient fait des choix de vie différents », le CSA a pris position : pas de liberté pour les parents et les amis des handicapés. Le CSA a été suivi dans cette censure par le Conseil d'État.

La religion de la diversité a ses limites…

JUIN

Mercredi 2 juin

Délinquants des villes, délinquants des champs

Un Gilet jaune de soixante-quatre ans a été condamné à un an de prison et 1000 euros d'amende pour avoir décroché quatre drapeaux européens qui flottaient sur la façade de la mairie de Saint-Martin-de-Vésubie dans les Alpes-Maritimes. Le procureur avait requis deux ans ! Il a bu et traité de « cocotte » une gendarmette au moment de l'interpellation, pareils forfaits, dont il a estimé lui-même à la barre que c'étaient des pitreries.

Ne faudrait-il pas envisager pour ce genre de délinquant la restauration de la peine de mort ?

Mercredi 2 juin

Floutage de gueule

Les médias sont prompts à donner les noms et à livrer les images des délinquants qu'on dira caucasiens. On a ainsi livré l'identité et les photos du « tueur des Cévennes » tout le temps qu'a duré la traque relayée non-stop sur l'ensemble des médias français.

Pourquoi donc ces mêmes médias ont-ils caché les noms du meurtrier du brigadier Éric Masson à Avignon ? Au nom de la religion de l'égalité chère à notre époque, nous aurions pourtant dû connaître tout aussi bien les noms et voir *ad nauseam* les portraits d'Ilyes Akoudad, dix-neuf ans, et Ayoub Abdi, vingt ans, que le patronyme et la binette de Valentin Marcone coupable d'avoir tué son patron et un de ses collègues dans la scierie où il travaillait. La loi qui oblige au floutage des présumés innocents est à la discrétion des journalistes.

Quand il y a un flou, c'est le loup.

Mercredi 2 juin

Qu'un sang impur

Un groupe de quatre ou cinq personnes a tenté de pénétrer dans le lycée La Martinière-Diderot de Lyon pour récupérer une jeune fille qui « entretiendrait une relation avec un garçon non musulman », dit la presse – lire un chrétien ou un juif. Le personnel de l'établissement a empêché ce qui sans nul doute aurait été une expédition punitive. Les parents des deux jeunes connaissent cette relation et ne s'y opposent pas.

Des milices qui accomplissent la police musulmane des mœurs au nom de la charia, c'est un entraînement.

Mercredi 2 juin

Le pétrole blanc

Mediapart, le média d'avant-garde du nihilisme, donne la parole à Cara Daggett, une jeune doctorante en sciences (*sic*) politiques à l'université Virginia Tech de Blacksburg (États-Unis bien sûr). Voilà une chercheuse qui a trouvé, c'est assez rare, saluons donc l'événement. Elle a trouvé un concept, ce qui fait d'elle, en vertu de la jurisprudence du professeur Deleuze qui sévit dans cette presse-là, une vraie philosophe. Sa trouvaille ? La « pétro-masculinité ».

Dans *Pétro-masculinité : les combustibles fossiles et le désir autoritaire*, la dame révèle que l'extraction des énergies fossiles s'est faite avec des hommes blancs. Le pétrole est donc blanc. Ceux qui ne veulent pas en finir avec ces énergies fossiles sont des Blancs, autoritaires, racistes, misogynes qui perpétuent le système patriarcal. Rouler en voiture et violer les femmes, c'est tout comme.

Cette trouveuse américaine, on n'ose plus dire chercheuse après pareille découverte, apporte la démonstration, si besoin est, qu'on peut avoir des idées quand on a aussi du pétrole.

Mercredi 2 juin

Une femme au poil!

Télérama met en couverture Jackie Reedson, une jeune queer transféministe doctorante en anthropologie à l'université de New York. Pour quelle haute, grande et noble raison intellectuelle? Elle ne s'épile pas les jambes qu'elle a velues comme son ancêtre des cavernes… Elle pense ainsi son poil : «Je vois dans le diktat de l'épilation une domination patriarcale qui s'inscrit dans une logique raciste. Je considère mes jambes comme mon meilleur accessoire de mode et de beauté.» «Chacune fait ce qui lui plaît», titre l'hebdomadaire.

C'est en effet bien là le problème…

Vendredi 4 juin

Cul par-dessus tête

Le mannequin californien Emily Ratajkowski, dont l'anatomie est planétairement connue, proclame : « Nous ne connaîtrons pas le sexe avant que notre enfant ait dix-huit ans et qu'il nous le dise.» Aura-t-elle la patience d'attendre si longtemps?

Post-scriptum : en fait, non, elle n'a pas pu se retenir de poster ceci dès la naissance : « Sylvester Apollo Bear nous a rejoints sur Terre. Sly est arrivé le 8 mars 2021.» C'est donc un garçon.

La famille doit dès à présent songer à le déconstruire puisque la déconstruction est désormais le seul projet éducatif.

Vendredi 4 juin

Promotion piège à con

La commissaire Fabienne Azalbert, chef de la circonscription de Sarcelles dans le Val-d'Oise, envoie une note de service pour rappeler aux policiers qu'ils ne doivent plus prendre en chasse les motards ou les automobilistes qui se rendraient coupables d'un délit de fuite – sauf en cas de « crime de sang flagrant ». Mais pourquoi cette dernière restriction qui rappelle les heures les plus sombres de notre histoire ?

Post-scriptum : le 24 juin, la chose se trouve dans le *Journal officiel*, la dame est promue « contrôleuse générale des services actifs de la police nationale, cheffe d'état-major au cabinet du directeur général de la police à Paris renouvelable dans la limite d'une durée totale d'occupation du même emploi de six ans ».

Où l'on comprend ce qu'il faut faire pour avoir de la promotion…

Jeudi 10 juin

Jupiter atterre

Le média *20 minutes* signale que, quand Emmanuel Macron prend une gifle, il s'apprête à répliquer au coup de Damien Tarel avant d'être éloigné par son équipe de sécurité. Le communicant Philippe Moreau Chevrolet ajoute : « Ces vidéos sont déjà mauvaises pour l'image du président. Elles seraient devenues franchement catastrophiques si, en plus de s'être fait frapper, Emmanuel Macron avait été à la castagne. » Sauf ce média, la presse s'est empressée de ne pas donner cette information.

Dommage, j'eusse aimé voir la colère de Jupiter !

Vendredi 11 juin

Le président des mangas

Le couple de Gaulle-Malraux ayant accouché du binôme Macron-Bachelot, la grande geste culturelle de ces deux-là est devenue l'attribution d'un « pass culture » de 300 euros offert aux jeunes pour « découvrir la culture autour de chez [eux] ».

Les premiers résultats de cette idée de génie sont que les jeunes achètent dix, vingt ou cinquante mangas avec l'argent offert. Le manga a représenté en effet 84 % des achats dans les premières semaines, environ 500 000 exemplaires…

On ne sait si les albums à colorier sont achetés avec le reliquat ou offerts par le lycée et l'université.

Vendredi 11 juin

Un aimant pas très aimant

Une infirmière américaine a tenté de prouver que le vaccin contre le covid rendait magnétique. Elle a eu la bonne idée de le faire devant une caméra et des parlementaires de l'État de l'Ohio en apposant sur son cou une plaque de métal qui est tombée chaque fois qu'elle a réitéré.

Elle est toujours infirmière.

Samedi 12 juin

La preuve par l'absurde

Le pharmacien Serge Rader, venu de la mouvance écologiste, était un complotiste qui a combattu les vaccins contre le covid en mettant en cause les trusts pharmaceutiques mondiaux et leur collusion avec les politiques.

Il est mort du covid, autrement dit : d'un effet collatéral des vaccins…

Lundi 14 juin

La morale germanopratine

Rappel : Olivier Duhamel, grand donneur de leçons de la gauche de droite pendant des années, est tombé pour viols et agressions sexuelles. Sa belle-fille a publié un ouvrage, *La Familia grande*, dans lequel elle raconte la dépravation de cet homme et de quelques-uns de ses invités dans sa résidence d'été à Sanary-sur-Mer. Il y avait là, au bord de la piscine, une ribambelle de prestigieux germanopratins. Duhamel a reconnu avoir agressé sexuellement son beau-fils quand il était mineur.

Conclusion : l'affaire est classée sans suite pour prescription. L'arrogance, la suffisance, le mépris et la prétention du personnage en faisaient un puissant chez ses semblables. Son idéologie est au pouvoir depuis un demi-siècle.

À Rome, ceux à qui il restait un peu d'honneur après l'avoir perdu presque tout entier dans ce genre d'affaires le mettaient à se trancher la gorge. Mais c'était chez qui il restait encore un gramme à sauver.

Lundi 14 juin

On ne naît pas bête, on le devient

La néo-féministe membre d'Europe Écologie Les Verts Alice Coffin compte les femmes dans les spectacles afin de savoir où vont les subventions. L'adjointe à la culture de la mairie socialiste de Paris l'aide à compter sur ses doigts. « Depuis un an, dit cette dame, on s'attache avec le groupe écologique, particulièrement au sein de la commission Culture, à s'assurer que l'argent public alloué aux établissements culturels ne bénéficie pas qu'à une seule catégorie d'artistes : les hommes. » Elle regarde dans le pantalon et sous les jupes des directeurs, sous-directeurs, programmateurs, auteurs et trouve qu'il y a trop d'hommes et pas assez de femmes.

Je croyais pourtant que les hommes et les femmes étaient des distinctions dépassées qui relevaient de l'ancien temps ! Qu'est-ce qui lui permet en effet de dire de tel ou tel qu'il est un homme ou une femme ? Un homme barbu blanc n'a-t-il pas illustré l'idéologie de cette dame dans une émission de Daniel Schneidermann en disant que, contrairement aux apparences auxquelles les crétins restent attachés, il était une femme de couleur ?

Alice vit bel et bien au pays des merveilles.

Samedi 19 juin

Le niveau baisse

Sur les copies du baccalauréat imprimées et validées par l'Éducation nationale on peut lire qu'« aucun signe distinctif ne doit permettre d'identifier le candidat. Aucun collage et aucun agraphage (*sic*) ».

Orwell a eu raison trop tôt.

Mercredi 23 juin

Un film en couleur noir et blanc

La firme Disney a choisi l'actrice métisse Rachel Zegler pour jouer Blanche-Neige. « Sa force, son intelligence et son optimisme vont devenir partie intégrante de cette redécouverte de la joie du conte de fées classique de Disney », a expliqué le metteur en scène Marc Webb – dont le patronyme, contrairement à ce qu'on aurait pu imaginer, n'est pas un pseudonyme.

Pas sa couleur ?

Dans un *remake* de *La Case de l'oncle Tom*, l'oncle sera probablement joué par Marion Cotillard.

Samedi 26 juin

Blanc Manger

Dans une conférence vidéo tenue à l'occasion d'un séminaire organisé par l'École de droit de Sciences Po Paris et Droit et science politique de l'université Paris-Nanterre, Mathilde Cohen, chercheuse au CNRS et maître de conférence à l'université du Connecticut, a défendu le concept de « blanchité alimentaire dans la culture française ».

Elle estime que la gastronomie fonctionne comme un moyen de « renforcer la blanchité comme identité raciale dominante », car « les contours de la blanchité sont maintenus à travers des pratiques alimentaires quotidiennes ». Et ces habitudes alimentaires sont « façonnées par les normes des classes moyennes supérieures blanches ». L'idéologie qui sous-tend le règlement des cantines relèverait ainsi d'un « discours raciste et eugéniste ».

C'est probablement pour cette raison qu'Adolf Hitler était végétarien : pour résister au discours raciste et eugéniste des Blancs.

JUILLET

Dimanche 4 juillet

Arroseur arrosé

L'artiste conceptuel Salvatore Garau a créé une sculpture inexistante vendue 15 000 euros aux enchères. Les facéties de l'art conceptuel qui jouent sur l'absence de trace comme trace immatérielle justifiant de la réalité de l'existence d'une œuvre inexistante se retournent contre l'artiste car un plus conceptuel que lui, Tom Miller, présente lui aussi une sculpture invisible dont le premier estime sérieusement qu'elle plagie son travail ! Un avocat doit régler le contentieux.

Quelle qu'en soit l'issue, il pourra toujours se faire payer avec une copie certifiée de cette œuvre invisible.

Lundi 5 juillet

Corée du Nord, du Sud et d'ailleurs

Oli London, un Britannique de trente et un ans, a subi dix-huit chirurgies esthétiques en huit ans pour obtenir la « race » que la nature aurait dû lui attribuer à la naissance ! On nomme cette démarche une transition raciale. Ce Blanc aux cheveux rouges peut donc dire : « Je ressemble à un Coréen, je me sens coréen, j'ai vécu en Corée, je parle la langue. Ne me qualifiez pas d'Anglais car je ne me sens pas anglais. Si vous ne saviez pas qui j'étais, vous penseriez juste que je suis un Coréen non binaire. » Et d'ajouter : « Je ne suis pas folle vous savez. »

S'il le dit…

AOÛT

Lundi 2 août

Alterophilie

La Néo-Zélandaise de quarante-trois ans Laurel Hubbard est la première sportive transgenre femme à participer à des Jeux olympiques. À Tokyo, « il » devenu « elle » n'a pas fait d'étincelles : il.elle n'a pu soulever la moindre barre lors de la compétition des plus de quatre-vingt-sept kilos.

Un squelette d'homme avec la musculature adéquate enregistré comme femme après sa transition sexuelle s'avère moins performant qu'un squelette de femme avec une musculature de femme !

La nature est vraiment transphobe…

Mardi 3 août

Bac transgenre

Un jeune Sénégalais habillé en femme a tenté de passer le bac à la place de son amie. Il portait une robe rouge avec des motifs noirs et le voile assorti. Il a été arrêté après trois jours d'examen à cause de son accoutrement…

Moins déguisé, ils auraient probablement décroché le diplôme.

Mercredi 4 août

De père inconnu donc connu

Le *Journal officiel* avalise la constitutionnalité de la loi de bioéthique qui ouvre la PMA remboursée par la Sécurité sociale aux couples de lesbiennes et aux femmes célibataires. Les enfants nés d'un don peuvent désormais accéder à des « données non identifiantes » comme l'âge et les caractéristiques physiques mais aussi à… l'identité du donneur.

C'est donc *en même temps* l'anonymat et la révélation de l'identité de l'anonyme. On ne pourra plus désormais engendrer à l'insu de son plein gré.

Mardi 10 août

Les sans-papiers volontaires

Une association LGBT est vent debout contre le pass sanitaire qui, en cas de non-modification de la carte d'identité après changement de sexe, pourrait générer des « discriminations », des « menaces » sur le sexe et le genre et un « *coming out* forcé ».

Il existe pourtant une solution simple : se mettre en règle avec la loi en allant à la mairie changer ses papiers où le fonctionnaire l'accueillera avec la déférence qui sied.

On peut se discriminer soi-même, mais il ne faut alors s'en prendre qu'à soi.

Vendredi 13 août

American Way of Life

L'actrice américaine Kristen Bell et son époux l'humoriste Dax Shepard expliquent leurs théories éducatives à la télévision américaine : « Quand une odeur désagréable émane d'eux, cela indique qu'ils ont besoin d'un bain. » Mila Kunis, qui forme avec Ashton Kutcher un autre couple d'acteurs, eux aussi américains bien sûr, affirme : « Je n'ai jamais été ce genre de maman qui donne le bain à son nouveau-né. » Autre penseur du même acabit, Jake Gyllenhaal, acteur lui aussi, américain lui encore, qui confie sa théorie à *Vanity Fair* :

«Je crois vraiment que les bonnes manières et la mauvaise haleine ne vous mènent nulle part dans la vie. Je crois aussi que ne pas se laver peut être très bénéfique pour la peau.» Toujours acteur, Robert Pattinson avoue «pouvoir passer six semaines sans se faire de shampooing». Cameron Diaz, je ne précise plus sa profession ni sa nationalité, en remet une couche et confesse souvent rester «quatre jours dans les mêmes vêtements». *Idem* avec Megan Fox qui ne tire pas systématiquement sa chasse d'eau mais seulement quand elle y pense. Cette avant-garde éclairée du mode de vie américain fait savoir que Johnny Depp «sent très mauvais». Quant à Jessica Simpson, elle estime que se brosser les dents trois fois par semaine est «un maximum». Brad Pitt refuse les déodorants pour économiser la planète et Julia Roberts utilise le moins de savon possible pour la même raison.

Si la planète pue, on sait désormais pourquoi.

Dimanche 15 août

Sex appeal

Le gouvernement écossais permet aux enfants âgés de quatre ans de décider sans l'accord de leurs parents, voire contre eux, de changer de genre, de prénom, de pronom, de tenue vestimentaire. Les enseignants n'auront rien à leur dire.

Pourquoi attendre quatre ans? On devrait le leur proposer dès le jour de leur naissance.

Dimanche 15 août

L'État délinquant

Alors que la loi en vigueur pendant l'épidémie de covid interdit les rassemblements, une *rave party* réunit 1500 personnes en Dordogne. La fête commence le 14, elle se poursuit le 15, puis le 16 où elle totalise 2000 participants. La gendarmerie encadre avec bonhomie la manifestation pourtant interdite…

Encore une violence policière à déplorer !

Lundi 16 août

Nike nique

À l'occasion des Jeux olympiques de Tokyo, Nike se fend d'une publicité dans laquelle une collégienne de couleur, gay, aux cheveux roses, déclare : « Je refuse de parler de l'histoire de l'Antiquité ou des tragédies grecques, ça, c'est juste le patriarcat. » Elle ajoute : « À la place, j'ai décidé de parler de la seule dynastie qui m'inspire (*sic*). Une dynastie exclusivement féminine, de femmes de couleur, de femmes homosexuelles, de femmes qui luttent pour la justice sociale, une dynastie qui fait passer les équipes masculines de basket-ball, de football américain et de base-ball pour des amateurs. Une dynastie qui fait d'Alexandre le Grand un banal (*sic*), la dynastie qui règne depuis les vingt-cinq dernières années, invaincue depuis 1996, l'équipe féminine USA de basket-ball [...], et surtout la dynastie de femmes qui ont rendu possible que des femmes comme moi puissent faire partie de la dynastie qu'elles souhaitent, la plus grande des dynasties. »

Détruire la culture pour lui préférer le sport, aucun régime fasciste n'aurait osé le proclamer si fort !

Mercredi 18 août

La guerre d'Algérie n'est pas finie

Le ministre du Travail algérien El Hachemi Djaâboub parlant de la France a fait allusion au déficit abyssal de son pays en la matière et a ajouté : « Je voudrais dire que toutes les caisses de retraites dans le monde souffrent. Je peux vous donner quelques chiffres qu'on peut vérifier sur Internet, notre ennemi traditionnel (*sic*) et éternel (*sic*), la France, a un déficit de 44,4 milliards d'euros dans sa caisse des retraites. »

Il faudrait calculer combien le président algérien Bouteflika a coûté à cette caisse pendant les années où il venait faire soigner son cancer dans ce pays ennemi qu'est la France. Depuis que l'Algérie est indépendante, c'est-à-dire depuis un demi-siècle, le FLN n'a donc pas été capable de construire avec son incroyable rente pétrolière un seul hôpital à Alger où il aurait pu faire soigner son président ?

Jusqu'à quand faudra-t-il le répéter : Mélenchon n'arrête pas de le dire : « Salauds de Français, salauds de Blancs. »

Lundi 23 août

Pollution mentale

Le nouveau directeur de l'Opéra de Bordeaux, une ville on le sait désormais gouvernée par les écologistes, va générer un « opéra citoyen » soucieux de « contribuer à la transition écologique ».

Marre en effet de tous ces opéras polluants qui ont causé le réchauffement climatique planétaire : la forge de Mime dans *Siegfried* de Wagner, le pandémonium dans *La Damnation de Faust* de Berlioz, les enfers du *Don Giovanni* de Mozart

Trop c'est trop.

Lundi 23 août

La science des ânes

Sur La Chaîne parlementaire, chaîne du service public, on peut assister à un grand moment de propagande freudienne avec à l'antenne une dame de la secte parapsychologique : on peut lire sur le cartel de présentation pendant toute la durée de l'émission : « Geneviève Morel. Psychanaliste » (*sic*).

Voilà un acte manqué vraiment très réussi.

Lundi 23 août

Le réel est une fiction

Michel Foucault, on le sait, a publié *Surveiller et punir* (1975) qui a fait grand bruit sur la condition carcérale un peu partout en général et en particulier dans la chancellerie de gauche tenue alors par Robert Badinter. La droite, toujours chien battu de la gauche, a fait sienne la thèse foucaldienne en matière de prison.

Foucault s'avère l'un des grands maîtres à penser de la déconstruction qui, revenue des États-Unis après avoir été concoctée à Saint-Germain-des-Prés dans les années 1960-1970, a été abandonnée par ses inventeurs structuralistes eux-mêmes dans les années 80 du siècle dernier, après constat d'impasse intellectuelle…

Je lis un ouvrage de Simeon Wade intitulé *Foucault en Californie* qui rapporte une conversation qu'il eut avec des universitaires de la côte ouest : « À vrai dire, confesse Foucault, je ne suis jamais entré dans une prison française. »

C'est la grande tradition philosophique française : à Paris, on ne parle vraiment bien que de ce qu'on ignore absolument.

Mardi 24 août

Monsieur Klein

Le Monde publie une série d'été sur les grands plagiaires dont Alain Minc. Parmi les livraisons, l'une concerne Étienne Klein, centralien, physicien, multirécompensé, dont la Légion d'honneur bien sûr, présent dans tous les endroits où le pouvoir se produit et reproduit. L'auteur se trouve pris la main dans le sac d'une incroyable quantité de plagiats. À l'époque, ses collègues plagiés le soutiennent et France Culture avait joué la carte de l'esprit de corps. Il donne sa version à la journaliste du quotidien du soir : « Il y a une trentaine d'années, j'ai été victime d'une maladie qui m'a privé de ma voix pendant de longs mois. Pour la rééduquer, j'ai lu tout haut du Bachelard, du Valéry, du Stefan Zweig. Leurs phrases se sont alors fixées dans mon cerveau, et mon inconscient les a restituées dans mes livres sans que je m'en rende compte. »

Bon sang, mais c'est bien sûr : plagiaire à l'insu de son plein gré grâce à la fiction du chamane viennois : l'inconscient !

NB : après cette affaire de plagiat, et en guise de punition, un arrêté daté du 1er septembre 2021 l'a nommé président de la commission Littérature scientifique et technique du Centre national du livre. Gageons qu'avec tout ce que contient son inconscient comme références emmagasinées, il y fera merveille.

Mardi 24 août

Nouvelles tenues camouflage

Dans le comté du Cheshire, la police britannique soutient la communauté LGBTQ+ en roulant dans des voitures repeintes aux couleurs de l'arc-en-ciel.

Espérons que l'armée britannique fera de même avec ses chars, ses avions, ses missiles, et tout son matériel militaire. À défaut, l'homophobie sera avérée.

Mercredi 25 août

L'argent liquide

Le groupe Nirvana affiche en photographie de son album intitulé *Nevermind* un bébé de quatre mois nageant sous l'eau en direction d'un billet de banque fiché sur un hameçon.

Trente ans plus tard, bébé devenu grand, Spencer Elden porte plainte pour « pédopornographie » (*sic*). L'avocat s'explique : le cliché fait apparaître son client comme un « travailleur du sexe ». Il ajoute : « Les accusés ont intentionnellement commercialisé la pédopornographie de Spencer et ont tiré parti de la nature choquante de son image pour se promouvoir et promouvoir leur musique à ses frais. »

Le bébé devenu cynique oublie que, pendant des années, il n'a pas estimé avoir été lésé puisqu'il a participé à la recréation de cette pochette pour ses 10e, 17e, 20e et 25e anniversaires. Le pauvre garçon dit aujourd'hui : « Mes droits humains ont été révoqués. »

J'espère qu'une cellule de psychologues a été dépêchée chez lui depuis.

Jeudi 26 août

Oumma ou Canada ?

Une ministre canadienne chargée de la question des « Femmes et de l'Égalité des genres », Maryam Monsef, a parlé des talibans en disant « nos frères ». Pour répondre à la vague d'indignation qui s'est ensuivie, la dame a fait un exposé sémantique : « en termes de terminologie (*sic*), si vous parcourez les messages à travers le pays, les musulmans se réfèrent aux autres comme des frères et sœurs ». Est-ce à dire que Mme Monsef, qui est née en Iran de parents afghans et qui a quitté l'Afghanistan à l'âge de onze ans pourchassée par les talibans, est musulmane et qu'elle travaille plus pour l'Oumma que pour le Canada ?

Mais dès lors pourquoi n'y être pas restée ?

Jeudi 26 août

Nanar

C'est dans l'excellent *Gorafi*, pas même besoin de commenter : « Bernard-Henri Lévy arrêté alors qu'il tentait de s'enterrer vivant au Panthéon. »

Vendredi 27 août

Les nouveaux rousseauistes

Sandrine Rousseau qui fut candidate aux primaires des écologistes ne doit pas beaucoup aimer Descartes et son rationalisme. Elle dit en effet : « Le monde crève de trop de rationalité, de décisions prises par des ingénieurs. Je préfère des femmes qui jettent des sorts plutôt que des hommes qui construisent des EPR. »

J'avais pour ma part la faiblesse de croire que nous crevions de trop peu de rationalité, ce dont témoignent les propos de Mme Rousseau.

Samedi 28 août

Un panoptique vert

À propos de l'afflux de migrants venus d'Afghanistan, la même Sandrine Rousseau estime que « le fait d'avoir des terroristes en France permet de les surveiller ».

Bonne idée, d'autant que les écologistes feront ça très bien, c'est tout à fait dans leur culture.

Dimanche 29 août

Il peut le faire

Macron nomme une femme anglophone à la tête de la francophonie.

Mardi 31 août

Les talibans de Paris

En Afghanistan, un présentateur télé habillé à l'occidentale qui semble envahi par la trouille apparaît entouré de talibans armés jusqu'aux yeux. Il demande au public de « ne pas craindre les talibans et de coopérer avec eux ».

Au moins, chez les nouveaux maîtres de l'Afghanistan ça a le mérite d'être clair. Sur le service public français, les patrons n'ont pas cette franchise-là.

SEPTEMBRE

Mercredi 8 septembre

Obélix restera puceau

Des écoles de l'Ontario ont détruit des milliers de livres considérés comme néfastes pour les populations autochtones. Cette initiative est due au Conseil scolaire catholique Providence qui regroupe trente écoles francophones dans le sud-ouest de l'Ontario. 4716 livres ont été retirés dans 30 écoles soit une moyenne de 157 livres par établissement. Certains de ces ouvrages ont été « brûlés et enterrés ». Cette « purification par les flammes », c'est le lexique de ces auteurs d'autodafés, vise à obtenir une « réconciliation avec les Premières Nations ». Dans le vocabulaire woke cela donne : « Nous enterrons les cendres de racisme, de discrimination et de stéréotypes dans l'espoir que nous grandirons dans un pays inclusif où tous pourront vivre en prospérité et en sécurité. » Cette cendre est utilisée comme engrais pour « planter un arbre et ainsi tourner du négatif en positif ».

Dans cette liste Otto canadienne on trouve *Tintin en Amérique* qui donne « une représentation fautive des Autochtones dans le dessin », mais aussi un album d'Astérix dans lequel sévit une « sexualisation de l'Autochtone qui tombe en amour avec Obélix » – l'Autochtone est en effet une pin-up métisse à la taille de guêpe et aux jolis seins, elle arbore une plume dans les cheveux et porte une minijupe frangée. Elle embarque le gros Obélix qui n'en peut mais d'avoir pour une fois une aventure avec autre chose qu'un menhir.

De plus woke encore devraient poursuivre le Conseil scolaire catholique pour grossophobie.

Mardi 14 septembre

Les bâtards de Monoprix

Monoprix vend des bouteilles de jus de fruit sur lesquelles figurent des dessins antisystème parmi lesquels on trouve l'acronyme Acab qui signifie : « Tous les flics sont des bâtards. » Devant le tollé, Monoprix les a retirées : « Comme vous, nous ne tolérons pas ce type de message sur des produits référencés dans notre enseigne. Nous avons donc alerté le fournisseur concerné et procédons au retrait du produit dans les meilleurs délais. Merci pour votre message ! »

Le mieux eût été de ne pas les commander, mais, après coup, surfer sur la haine antiflic a dû paraître moins rentable au groupe qui a retrouvé de l'éthique devant son tiroir-caisse.

Mercredi 15 septembre

Le rap de la Guépéou

À la Fête de l'Humanité, un rappeur fait reprendre en chœur à l'assemblée le slogan : « Tout le monde déteste la police » – « une moquerie » selon Mélenchon dont le sens de l'humour est légendaire.

En URSS, on aimait pourtant beaucoup la police – beaucoup trop même… Autres temps, autres mœurs.

Mercredi 15 septembre

Éthique de conviction

Au gala du Metropolitan Museum, l'élue démocrate au Congrès Alexandria Ocasio-Cortez portait une robe de la « créatrice noire immigrée Aurora » sur laquelle était imprimé le slogan : « Taxez les riches ». Le droit d'entrée à cette soirée était de 35 000 dollars.

La gauche ose tout, c'est d'ailleurs à ça qu'on la reconnaît sur tous les continents.

Mercredi 15 septembre

Déchets en tout genre

Le joueur de foot Lionel Messi donne une conférence de presse pour ses adieux à Barcelone lors de laquelle, *business* oblige, il écrase une larme dans un mouchoir que lui tend sa femme… Ledit mouchoir est mis en vente aux enchères au moins un million de dollars. Le vendeur explique qu'il est « froissé, mais en bon état », il ne garantit pas l'absence (ou la présence) de sécrétions nasales.

Que ne fait-il de même avec ses rognures d'ongles hebdomadaires ou autres déchets corporels quotidiens pour récupérer des fortunes à redistribuer pour la bonne cause bien sûr, car il ne manque pas de faire état de ses multiples activités caritatives et philanthropiques en Haïti, en Afghanistan, à la Croix-Rouge, à l'Unicef…

Vendredi 17 septembre

Vive la musique classique noire

L'Opéra britannique se sépare de quatorze musiciens blancs, la plupart travaillaient dans cet orchestre depuis vingt ans et plus.

Mais combien de temps ce nouvel orchestre métissé va-t-il obéir à un chef blanc qui dirigera des œuvres de Blancs pour un public majoritairement blanc ?

Lundi 20 septembre

Panurgette

La directrice culture de BFM, Candice Mahout, blanche comme chacun peut s'en rendre compte à chacune de ses apparitions, dit en présence de Bruce Toussaint, lui aussi blanc qui acquiesce, que cet orchestre britannique fait bien de se séparer de ses musiciens blancs.

À quand le même traitement à BFM qui permettrait à la Candice et au Bruce de laisser leur place à de moins blancs qu'eux ? Ce serait justice, non ?

Lundi 20 septembre

Interdit aux Blancs

L'orchestre philharmonique de Buffalo (État de New York) annonce qu'il va attribuer une bourse de deux ans à un chef d'orchestre issu de la diversité, comme on dit. Les postulants devront être « membres de groupes historiquement sous-représentés dans les orchestres américains, y compris, mais sans s'y limiter, les Afro-Américains, Hispaniques, Amérindiens, natifs d'Alaska, autochtones de descendance hawaïenne ou insulaire du pacifique ». Le candidat devra « montrer un engagement ferme à l'équité, l'inclusion et la diversité dans les arts ».

De ce fait, il pourra diriger également l'Opéra britannique.

Mercredi 22 septembre

Propaganda

Les éditions Milan, une filiale de l'ancien groupe Bayard de tradition catholique, publient un ouvrage de Sophie Dussaussoy et Cléo Germain intitulé *La Violence* qui s'avère un bréviaire de propagande du politiquement correct en direction des enfants. La collection s'intitule « Mes p'tites questions » (vive le parler bébé à destination des adultes !). Elle est sous-titrée « Vivre ensemble » – bien sûr…

Le manuel d'endoctrinement est construit sur un principe simple : les gens de couleur sont des racisés, ils sont donc victimes du racisme des Blancs parce que ces derniers sont blancs et ce parce que leurs victimes sont de couleur.

Dans une iconographie qu'on dira naïve pour ne pas dire simplette, on voit un pauvre petit garçon métis saisi par le col par un méchant élève blanc. Sur la couverture du livre, une Blanche lève le poing contre un automobiliste blanc qu'elle menace avec un visage haineux sur un passage piéton devant une gentille dame noire qui tient son caniche en laisse sur le trottoir. Un Blanc arrive encadré par deux policiers qui présentent le coupable à une avocate de couleur, etc.

Ce genre de propagande s'avère très efficace pour fabriquer les racistes des deux bords.

Vendredi 24 septembre

Tata flinguée

L'écologiste Sandrine Rousseau nous fait une confidence : «Je vis avec un homme déconstruit, et j'en suis hyper heureuse.»

On se demande ce qu'en pense Gérard Depardieu.

Samedi 25 septembre

Nique la police ?

Les rappeurs le disent eux-mêmes : avant de sauter dans la foule lors de leurs concerts, ils vérifient que leurs poches sont bien vides. L'un d'entre eux, Lil Uzi Vert, n'a pas eu de ces prudences ! Lors du festival Rolling Loud, il s'est jeté dans la foule avec un diamant de 24 millions de dollars sur le front. Il a récupéré sa pierre.

Une police, la vraie ou celle du rappeur, aura donc bien fait son travail !

Dimanche 26 septembre

Vive l'homme, le vrai

Le maire de Rouen, socialiste politiquement correct, a déboulonné la statue de Napoléon coulée dans le bronze des canons d'Austerlitz sous prétexte de la restaurer. Mais il ne veut pas la remettre en place une fois la chose accomplie. Il en pince pour Gisèle Halimi qui était l'avocate féministe des huiles poseuses de bombe du FLN, qu'on se souvienne de la tuerie d'El Halia, un grand mouvement politique qui a beaucoup fait pour la cause des femmes voilées assignées à la maternité, au repos du guerrier et à la tambouille pour l'homme méditerranéen.

Un hommage aux amis du patriarcat magrébin, en voilà une bonne idée !

Mardi 28 septembre

Robespierre sévèrement burné

À Toulon, au Théâtre de la Méditerranée, Morgane Lombard met en scène *Danton Robespierre : les racines de la liberté*, une pièce écrite par Hugues Leforestier. Le rôle de Robespierre est tenu par Nathalie Mann.

On attend la mise en scène de la *Charlotte Corday* de Drieu la Rochelle avec Gérard Jugnot dans le rôle de la Normande.

Mercredi 29 septembre

Parler pour se taire

Un couple homosexuel traîne en justice la Caisse d'allocations familiales qui lui a refusé un congé maternité pour fêter comme il se doit l'arrivée dans leur couple d'un enfant obtenu par mère porteuse aux États-Unis – un achat illégal en France qui ne reconnaît pas (encore) ces transactions financières... La Caf justifie son refus, car le couple se trouve dans l'incapacité de fournir un certificat de grossesse. L'un et l'autre disent : « Nous avons eu recours à une mère porteuse, mais légalement elle n'existe dans aucun document. Demander un certificat de grossesse à deux hommes, ce n'est pas gentiment (*sic*) demandé, c'est méprisant. Cela nous oblige à parler de notre sexualité, alors que c'est quelque chose que l'on n'a pas envie d'exposer. »

C'est ce qu'ils ont exposé dans les médias locaux, à RMC, mais également à « Capital », sans parler du Défenseur des droits qu'ils ont saisi.

Mercredi 29 septembre

Malraux 2.0

Le ministère de la Culture piloté par Roselyne Bachelot invite les jeunes à « haranguer » les foules entre le 22 septembre et le 6 octobre. Le 22 septembre a été choisi parce que c'est « l'équinoxe d'automne annonciateur de changement » ! Il s'agit pour eux de rédiger un texte et de le déclamer publiquement sur le thème du : « Et si... » L'opération nommée « La Quinzaine de la Belle harangue » a été lancée par la Fondation pour l'écriture, elle est soutenue par la Délégation générale à la langue française et aux langues de France (*sic*), autant de belles usines à gaz.

Sujets déjà traités : « Et si on mettait le cap vers le bonheur ? » – de consommer ? « Et si on me laissait parler ? » – de choses essentielles ? « Et si tous les jeunes pouvaient s'engager ? » – à se construire un esprit critique ? « Et si on apprenait autrement ? » – que sur le Net ? Mais aussi, j'ai gardé le meilleur pour la fin : « Et si nous assimilions diverses cultures ? »

Dont la française ?

Mercredi 29 septembre

Donner du pain aux chiens

Le boulanger tunisien Makram Akrout – un prénom et un nom formidables eu égard à sa profession – a été jugé par ses pairs : il fait la meilleure baguette de Paris. Il fabriquera donc le pain de l'Élysée pendant un an.

Les journalistes du système n'en peuvent plus de joie : la preuve que les étrangers ne viennent pas manger le pain des Français puisqu'ils le leur fabriquent ! Sans ce boulanger tunisien, le premier des Français ne pourrait manger sa baguette au petit déjeuner !

Mais patatras : ce sans-papiers venu en France il y a dix-neuf ans a publié sur son compte Twitter des messages peu amènes à l'endroit de la France : « La France propage la décadence en Tunisie pour protéger ses intérêts colonialistes et nous pousse à nous éloigner de la religion et des valeurs islamiques. » Mais aussi : « Nous avons pleuré pour *Charlie Hebdo* et pour Notre-Dame mais, du côté de la France, ils ne pleurent pas, ces chiens, lorsque l'on se moque du maître de la Création. »

Makram Akrout n'aura pas mangé son pain blanc bien longtemps.

Jeudi 30 septembre

Transition de ministères

Le ministère de l'Éducation nationale publie un texte qui invite les enseignants à mieux accompagner les « transitions de genre en milieu scolaire ».

Peut-être faudrait-il demander au ministère de la Santé qu'il accueille les enfants pour leur apprendre à lire, à écrire, à compter, à penser ?

OCTOBRE

Samedi 9 octobre

Encore un effort…

Robert Badinter : « La peine de mort est l'apanage des dictatures. »

Faut-il en conclure que la Révolution française fut une dictature ?

Lundi 11 octobre

Tintin au Congo

Au sommet Afrique-France, et non l'inverse, à Montpellier, entre dette et refus de la repentance en forme de repentance, Macron dit : « On ne peut pas avoir une France qui construit son propre roman national si elle n'assume pas sa part d'africanité. » Assumer sa part d'africanité c'est en effet écrire un roman, autrement dit : une fiction.

On peut en effet préférer écrire un récit.

Samedi 16 octobre

Une maison qui lui ressemble

Emmanuelle Wargon, ministre du Logement, présente un plan pour « habiter la France de demain ». Elle entend abolir le rêve du pavillon avec jardin.

On aimerait savoir si cette dame, énarque, fille de Lionel Stoléru qui fut ministre de Giscard puis de Mitterrand, et qui, avant de faire de la politique, s'occupait de lobbying en entreprise, a essayé pour elle-même l'immeuble et le logement collectif pour leur trouver tant de vertus.

Dimanche 17 octobre

Afghanistan first

À Poissy, au stade Léo-Lagrange, Macron a joué au foot contre une sélection du personnel soignant de Poissy-Saint-Germain-en-Laye devant deux mille personnes pour récupérer 50 000 euros qu'il a offerts à un hôpital de Kaboul.

Les talibans vont probablement lui envoyer des fleurs.

Lundi 18 octobre

Le sentiment d'inculture

Les volumes de la prestigieuse collection « Bibliothèque de la Pléiade » de Gallimard se vendent actuellement à 270 000 exemplaires par an. Dans les années 1980, avec 12 millions de Français de moins, il s'en vendait 450 000.

Mais ce n'est un signe de rien du tout bien sûr…

Mardi 26 octobre

Le racisme chic

L'animatrice franco-suisse Maïtena Biraben commente les images du public d'Éric Zemmour à Biarritz dans un tweet : « Beaucoup de Blancs non ? »

Elle a supprimé son trait de génie assez rapidement. Elle n'assume plus d'être blanche et de voler ainsi la place d'un non-Blanc partout où elle officie ?

Samedi 30 octobre

SM au Vatican

Le président américain Joe Biden a rencontré Emmanuel Macron à la villa Bonaparte, l'ambassade de France près le Saint-Siège. Le chef de l'État américain est arrivé avec une heure et demie de retard. Et Macron a attendu ! Le pire n'est pas cette humiliation, qui en dit long sur le mépris de la France par les États-Unis, c'est le communiqué de Macron repris en chœur par la presse qui a salué la réconciliation des deux pays après que les Américains eurent jeté à la poubelle un contrat de vente de sous-marins français aux Australiens afin de vendre les leurs. Humilié deux fois, Emmanuel Macron a dit son bonheur.

Nous en savons désormais plus sur les dilections psychologiques présidentielles.

Dimanche 31 octobre

Cul par-dessus tête

Au Canada, un père se trouve en prison parce qu'il persiste à dire « elle » concernant sa fille de quatorze ans qui effectue un changement de sexe et pour ce faire prend des bloqueurs de puberté et de la testostérone sans son accord !

Sa fille va-t-*iele* lui apporter des oranges ?

NOVEMBRE

Lundi 1er novembre

L'ingénieuse Hidalgo

Anne Hidalgo, candidate à la reprise du fauteuil du général de Gaulle à l'Élysée, se fait filmer devant une borne automatique qui distribue des billets de TER dans une gare de la Drôme : « Bon, alors je suis à la gare de Saint-Vallier. C'est très beau, Saint-Vallier, mais quand les machines remplacent les humains, ça va pas quoi. Je veux vraiment des services publics avec des humains, des fonctionnaires, et des machines. C'est beaucoup mieux pour notre équilibre collectif. »

Je ne sais ce qu'en pensent ses amis socialistes à Paris, mais de Mitterrand à Hollande en passant par Jospin, on ne sache pas que les socialistes aient eu grand souci de préférer les fonctionnaires aux machines !

À Paris, ville socialiste depuis vingt ans, chacun sait qu'il y a encore des poinçonneurs partout dans les gares et les entrées de métro.

Lundi 1er novembre

Coco boy

Le patron du PCF Fabien Roussel semblait vouloir se démarquer de la ligne islamo-gauchiste de Mélenchon. Grand bien lui fasse ! Il donnait l'impression de retrouver le sens du peuple *old school*. Pour ce faire, il proclamait que la police ne tuait pas eu égard à la couleur de peau, que les rappeurs qui appelaient à buter du flic n'étaient pas bienvenus à la fête de l'Humanité (quelle prétention d'ailleurs cette appellation quand on y pense !), que la laïcité devait aussi fonctionner avec l'islam, que les chasseurs n'étaient pas des nazis. Il donnait des signes de retour à l'intelligence.

Mais, patatras, le voilà qui voudrait empêcher Zemmour de se présenter aux présidentielles. Lui qui pilote un parti qui souscrivit à la collaboration avec l'occupant nazi en France le temps qu'a duré le Pacte germano-soviétique, autrement dit : de 1939 à 1941, un parti qui fut le compagnon de route de l'URSS tant que cet État totalitaire a existé, il devrait y réfléchir à deux fois avant de donner des leçons de démocratie…

Coco un jour, coco toujours.

Fabien Roussel peut retourner porter les valises de Mélenchon, ils sont faits du même bois courbe avec lequel on fait le cercueil des opposants.

Mardi 2 novembre

Cuisine woke

Une ministre israélienne de l'Énergie assignée au fauteuil roulant pour cause de dystrophie musculaire n'a pas pu assister à la COP 26 faute d'accès handicapés. Dans l'un des temples du wokisme, du politiquement correct, de la *cancel culture*, c'est proprement l'épiphanie du refoulé ! Le climat, oui ; les handicapés, non.

Si j'étais wokiste, je dirais que les écologistes sont handiphobes – et parfois, pour rire un peu, j'aimerais bien l'être…

Mercredi 3 novembre

Réussir un acte manqué

Le Conseil de l'Europe finance une campagne d'éloge de « la liberté dans le hijab » avec l'argent du contribuable. Cette campagne enseigne également que « la beauté est dans la diversité » !

On aimerait que cette diversité aille jusqu'au respect des majorités. Quelle révolution ce serait !

Mercredi 3 novembre

Syndrome de Stockholm

La chancelière allemande quitte le pouvoir après seize années d'exercice européiste germanocentré.

Emmanuel Macron n'a rien trouvé de mieux à faire que de la décorer de la Légion d'honneur. Pour quels services rendus à la République française? Avoir utilisé son poste pour précipiter sa dilution dans l'acide maastrichien? En effet, ça mérite bien un coup de chapeau de la part de ce président qui n'a de cesse de fêter et de commémorer tout ce qui défait la France. L'amour de l'Allemagne est une grande tradition de la France une fois vaincue par les Teutons.

Jeudi 4 novembre

Françafrique

La Franco-Béninoise Marie-Cécile Zinsou est la nouvelle présidente de la villa Médicis à Rome, autrement dit de l'Académie de France.

À quand un ministre de la Culture français au Bénin? Sinon un chef de l'État…

Jeudi 4 novembre

Autoentrepreneur

À Marquette-lez-Lille, dans le Nord, un enfant de dix ans a été interpellé par la police après une course-poursuite à bord d'une voiture volée.

Le voleur n'attend pas le nombre des années.

Samedi 6 novembre

Avoir (enfin) un cœur

Après avoir subi une opération à cœur ouvert, l'éditeur germanopratin Jean-Paul Enthoven, qui en a fait un livre, avoue dans un portrait que *Le Figaro* lui consacre que « l'idée de médire, comme Paris l'exige, [lui] est devenue physiquement insupportable ».

Est-ce l'aveu qu'il a passé sa vie à médire, lui qui ne jure que par Paris, la ville d'où il n'a pas déménagé ?

Samedi 6 novembre

Lahaye du déshonneur

Jean-Luc Lahaye, l'immortel auteur de *Papa chanteur*, se retrouve en prison pour avoir eu des relations sexuelles avec deux fans, des jeunes filles mineures de seize et dix-sept ans. L'une se faisait abuser pendant que sa mère attendait en bas dans la voiture et que l'autre participait aux ébats et filmait la chose.

Le chanteur déchu, dit-on, se balade dans la cour de la prison avec Georges Tron, un ancien maire LR fétichiste des pieds.

Les deux mères vont passer Noël en famille. Avec leurs filles peut-être…

Samedi 6 novembre

Puissant & misérable

L'ami du président, Alexandre Benalla, a été condamné à trois ans de prison dont un ferme pour violences en se faisant passer pour un policier, port d'armes et usage de faux passeports. Il a fait appel et, de ce fait, la peine est suspendue. En cas de confirmation, il est prévu qu'il la passe chez sa mère avec un bracelet électronique.

Peu de probabilités, donc, pour qu'il chemine dans la cour de la Santé aux côtés de Jean-Luc Lahaye ou de Georges Tron.

Dimanche 7 novembre

Le jour du saigneur

Lors d'une messe dominicale retransmise sur le service public le jour où les évêques reconnaissent « la responsabilité institutionnelle de l'Église », le curé a invité à prier pour les victimes des abus sexuels. Lui-même a été condamné quatorze ans plus tôt à dix mois de prison avec sursis pour atteintes sexuelles sur mineur.

L'amour du prochain, le pardon des offenses et l'autre joue tendue s'avèrent de bien belles choses.

Lundi 8 novembre

La créolisation islamo-gauchiste

Dans Mediapart, l'Insoumis Olivier Tonneau, par ailleurs enseignant-chercheur (*sic*) de littérature française à l'université de Cambridge et candidat malheureux à la députation en 2017, écrit tout haut ce que Mélenchon et les siens pensent tout bas. Il aspire à un Grand Remplacement rouge : « Il faut balayer ces moisissures de l'Histoire, il faut basaner les rues, insulter les mémoires, blasphémer le roman national, chanter Nique la France, appeler ses enfants Mouloud, Rachid, Mohamed et Nedjma. Il faut faire sauter CNEWS. »

C'était tellement gros que même Mediapart a supprimé ce texte de son site. Qu'on se rassure, il reste cependant le catéchisme de cette gauche wokiste.

Mardi 9 novembre

Qui est fou ?

Un homme a profité du direct du 13 heures décentralisé à Dieppe à l'occasion de la venue du président de la République, en campagne électorale sous couvert de voyage officiel, pour crier : « Macron démission, Benalla en prison ! » Il a été hospitalisé en psychiatrie sur demande du procureur.

C'est avec ce genre de haut magistrat qu'on fait les régimes les plus orwelliens. Gageons qu'il aura de la promotion.

Mercredi 10 novembre

Inceste, suite

Olivier Duhamel disparu des écrans radar pour cause de pédophilie incestueuse a été remplacé à la tête de Sciences Po par Mathias Vicherat, quarante-trois ans, énarque, ancien directeur de cabinet de Bertrand Delanoë et d'Anne Hidalgo. Il a aussi sévi chez Danone et à la SNCF.

Il est également camarade de promotion de Macron, mais ça aura compté pour rien bien sûr…

Jeudi 11 novembre

Scientifique en peau de lapin

Invité à commenter les cérémonies du 11-Novembre sur les écrans, Vladimir Trouplin, membre du conseil scientifique (*sic*) du musée du Général Leclerc de Hauteclocque et de la Libération de Paris ainsi que du musée Jean Moulin, c'est dire l'éminence, n'a rien trouvé de mieux à faire que célébrer le rôle majeur du PCF dans la Résistance ! Y compris quand il collabore pendant le Pacte germano-soviétique entre 1939 et 1941 ?

Le poisson commence à pourrir par la tête.

Lundi 15 novembre

Les terroristes de 93, suite

Raquel Garrido, qui fait perpétuellement le grand écart idéologique entre Hanouna et Mélenchon, autrement dit entre Bolloré et la France insoumise, estime que Zemmour a eu tort de se rendre au Bataclan pour commémorer ce massacre après avoir appris qu'en son temps François Hollande, alors chef de l'État, savait qu'il y avait des terroristes qui préparaient des attentats sur le sol français parmi les migrants, mais qu'il a sciemment décidé de ne rien faire pour empêcher leur venue. Elle croit que Zemmour est plus coupable de l'avoir répété qu'Hollande de l'avoir dit. Elle ajoute que les propos d'Éric Zemmour « empêchent la réconciliation avec les terroristes ».

On ne pourra pas dire que celle-là non plus n'a pas choisi son camp, c'est bel et bien celui qui affirme que l'islamo-gauchisme n'existe pas.

Mercredi 17 novembre

(...)

Depuis 2012, l'association caritative israélienne « Une main tendue à un ami » organise un concours de beauté Miss Shoah avec des rescapées de la Solution finale.

Voilà.

Mercredi 17 novembre

Robert le diable

Dans sa dernière édition, le *Petit Robert* reconnaît un certain nombre de pronoms pressionnels de la langue inclusive tels « iel », « ielle », « iels » et « ielles » qui permettent d'évoquer une personne quel qu'en soit le genre.

À quand un changement de nom de ce dictionnaire qui stigmatise une personne cisgenre de petite taille ?

Mercredi 17 novembre

Jean-Luc le woke

S'adressant à des étudiants de Lille, Jean-Luc Mélenchon propose qu'on inscrive dans la Constitution la liberté de changer de genre.

On ne sait ce que ses amis Robespierre, Lénine et Castro en auraient pensé.

Jeudi 18 novembre

Big Sister

Lors du Global Grad Show qui se tenait à Dubai, une étudiante zélée, Zinah Issa, a mis au point un appareil doté d'une alarme qui se déclenche dès qu'une parole politiquement incorrecte est proférée. La chose ressemble à un abat-jour, en fait un abat-son... Dès qu'un propos qui ressemble de près ou de loin à de l'homophobie, de l'islamophobie, du sexisme, du racisme, de l'antisémitisme, de la xénophobie, et autres variations sur les thèmes du néofascisme de gauche, est tenu, l'alarme retentit.

S'il fallait encore une preuve de l'absolue égalité des hommes et des femmes y compris dans la bêtise la plus crasse, la voilà enfin donnée.

Vendredi 19 novembre

Fumette écologique

Il nous manquait. Voici la dernière du maire écologiste de Bordeaux : il veut interdire la cigarette dans un rayon de cinquante mètres autour des cent treize écoles bordelaises. La police verbalisera les contrevenants. C'est plus facile que de verbaliser les caïds des quartiers.

Mais c'est dans la salle de classe même que la pollution la plus nocive se trouve infligée aux enfants avec l'idéologie qu'on leur met dans la cervelle, dont celle des écologistes urbains technophobes !

Samedi 20 novembre

À vomir

Peut-être ma rubrique la plus Bas-Empire de l'année : le Centre de reproduction humaine ukrainien Bio TexCom propose des rabais à la faveur du Vendredi noir ou du Vendredi fou qui est, comme chacun sait, le vendredi des soldes.

Entre le 15 et le 26 novembre, les prix sont cassés. L'acheteur d'enfant peut ainsi acquérir la bidoche humaine au prix incroyable de 1 947 euros. En temps normal, la GPA non soldée s'élève à 64 900 euros « service inclus et résultat garanti ».

On n'entend personne à gauche, pourtant si prompte à invoquer les droits de l'homme, pour s'insurger contre le commerce des enfants, l'achat et la vente de chair humaine. À moins que, pour elle, les enfants ne soient pas des hommes mais juste des choses. Les Gafam adorent déjà !

Samedi 20 novembre

Quelques micro-agressions

Rama Yade est la fille de bourgeois sénégalais : sa mère était prof de lettres et son père historien puis secrétaire particulier du président Léopold Sédar Senghor. Elle est naturalisée française en 1997. Dix ans plus tard, non sans avoir occupé des postes majeurs en France, elle est nommée secrétaire d'État chargée des Affaires étrangères et des Droits de l'homme à l'âge de trente et un ans. Elle sera trois années ministre sous Sarkozy bien qu'elle ait fait savoir sa préférence pour Christiane Taubira.

Après avoir échoué dans une carrière politique sur son seul nom, elle est partie aux États-Unis d'où elle donne un entretien à *L'Express* dans lequel elle fait l'éloge du wokisme. Elle estime par exemple que les mouvements comme Black Lives Matter et Me Too sont profondément républicains et « redonnent vie à un transatlantisme moribond ». Le wokisme est pour elle « un noble combat, de justice et de revendication d'égalité dont devrait s'enorgueillir la patrie des droits de l'homme». Elle conclut : «C'est juste le refus des discriminations.» Refuser le wokisme, c'est donc accepter les discriminations – où l'on reconnaît bien la rhétorique totalitaire du mouvement...

Par ailleurs, elle proclame qu'en France, où règne bien sûr «le privilège blanc», «le racisme est partout» – la preuve : son trajet...

Enfin elle vit comme une micro-agression le fait de devoir «passer à Paris devant la statue de Colbert, ce grand ennemi de la liberté, dont la statue est devant l'Assemblée nationale».

Elle peut facilement échapper à ce genre d'agression : en déménageant à Romorantin par exemple ou en restant à Washington. Tout le monde n'a pas le pouvoir de déménager pour fuir les agressions dues la plupart du temps, comme chacun peut s'en apercevoir, à la «férocité blanche» puisque c'est aussi une scie musicale du wokisme.

Mardi 23 novembre

L'apprenti barbare

Un adolescent de quatorze ans qui chahutait menace son professeur d'arts plastiques de décapitation dans un collège du Mas de Mingue à Nîmes dans le Gard parce qu'elle lui a demandé de se calmer. «Vous connaissez Samuel Paty?» lui a-t-il dit. L'enseignante a noté l'incident sur son cahier de correspondance, il a réitéré sa menace. Devant le proviseur, il a refusé de s'excuser. Le professeur a porté plainte. Les forces de l'ordre l'ont récupéré chez ses parents. En garde à vue il a fait savoir qu'il ne menaçait pas et que d'ailleurs il ignorait que Samuel Paty avait été décapité. Déféré devant un juge pour mineurs, il a écopé d'une mesure d'accompagnement éducatif. Il sera jugé.

Et probablement condamné à retourner en cours.

Mardi 23 novembre

Les bigots de l'athéisme

Aux Sables-d'Olonne, une statue de l'archange saint Michel installée sur le parvis de l'église pose des problèmes philosophiques à une association de libres-penseurs de Vendée qui traîne la commune au tribunal.

Il faut vraiment croire dur comme bronze à la puissance de cette icône, plus qu'aucun chrétien lui-même probablement, pour accorder à une statue tant de pouvoirs maléfiques sur la saine raison libre-penseuse !

Mercredi 24 novembre

Dieu.e

Les dominicains de Domuni Universitas, un établissement privé catholique d'enseignement supérieur à distance, font la promotion de leur boutique sur le Net en utilisant l'écriture inclusive.

Au Moyen Âge, les Dominicains avaient le monopole de l'Inquisition. Difficile de perdre les bonnes habitudes dans cette période de retour au Moyen Âge…

Jeudi 25 novembre

Les racailles du Quai Conti

L'Académie française vient d'admettre Mario Vargas Llosa parmi les siens. On savait que quelques académiciens n'écrivaient pas leurs livres, on sait désormais qu'ils peuvent en écrire, mais pas forcément en français.

Par ailleurs, le règlement stipule qu'on ne peut candidater après l'âge de soixante-quinze ans. Le nouvel Immortel en a quatre-vingt-cinq, donc dix de plus. Quai Conti on se moque de la loi comme dans les territoires perdus de la République !

Vivrai-je assez vieux pour y voir admis un centenaire qui n'aurait rien écrit du tout ?

Jeudi 25 novembre

Le sens des valeurs

La prestigieuse « Bibliothèque de la Pléiade » qui publie les chefs-d'œuvre de la littérature et de la pensée planétaires annoncent la parution d'un volume du théâtre de Georges Feydeau.

On trouve dans cette collection Céline et Morand, Drieu La Rochelle et Jünger. Mais toujours pas *L'Archipel du Goulag* de Soljenitsyne.

Vendredi 26 novembre

La queue autour du cou

Nicolas Hulot, l'écologiste aux huit moteurs à la maison – voiture, camion, moto, scooter, bateau, camion, jet-ski, etc. – ajoute à son CV une carrière d'abuseur sexuel. La veille de l'émission qui atteste cette furie de violeur, y compris sur une jeune fille mineure, il vient se défendre à la télévision. Pour une fois il surgit à l'écran rasé et les cheveux propres. Il arbore ostensiblement autour du cou un ridicule bijou bleu turquoise qui représente… une queue de baleine !

M. Hulot n'a certainement pas lu Freud.

Vendredi 26 novembre

Des nouvelles de nos amis écologistes

Pendant un conseil d'école, alors que les parents s'étonnaient que leurs enfants n'aient plus de cours de natation, l'adjointe au maire de Grenoble a estimé que les piscines étaient « des aberrations économiques, écologiques et sanitaires ». À quoi elle a ajouté que, selon elle, « les piscines étaient amenées à disparaître d'ici dix ans ».

À quand la suppression des baignoires, des douches, des cuvettes WC avec obligation écoresponsable de retrouver l'usage des mares, des étangs, des ruisseaux et des rivières ?

Samedi 27 novembre

Mon pote le gitan

Le président de la République Emmanuel Macron a rendu visite au pape François. La dernière fois, il lui avait fait une petite tape sur la joue et tenu le cou comme on le fait avec un bon vieux pote qu'on retrouve un soir pour l'apéro.

Cette fois-ci, notre incommensurable chef de l'État lui a offert un livre sur saint Ignace de Loyola, le fondateur des Jésuites, l'ordre de ce pape qui, ceci explique cela, a pris le nom du fondateur des Franciscains.

En offrant son cadeau, Macron a dit : « Un petit livre sur Ignace de Loyola que tu (*sic*) connais mieux que moi. »

Sûr que Macron est moins calé sur Loyola que François ; sur le jésuitisme, c'est à voir.

Samedi 27 novembre

Créolisation piège à con

De qui est ce tweet sur l'élection de l'écrivain péruvien Vargas Llosa au Quai Conti : « L'Académie française élit Vargas Llosa, écrivain qui n'a pas écrit un livre en français, plutôt qu'un écrivain francophone. Pauvre France » ? « Pauvre France » ! « Pas un livre en français » ! De Renaud Camus ? Que nenni… C'est de Jean-Luc Mélenchon.

Quelle mouche a piqué cet homme qui ne manque pas une occasion de défendre la créolisation, le métissage, la haine de la France *old school*? Un taon idéologique : il se fait qu'un temps Vargas Llosa fut candidat libéral aux présidentielles péruviennes.

S'il se fût agi d'un thuriféraire du régime castriste, nul doute que Mélenchon aurait tweeté son plaisir de le voir coiffé du bicorne, flanqué d'une épée et se créoliser l'Académie française.

Samedi 27 novembre

Torchecul

De l'un des derniers spectacles de Joséphine Baker le journal *Libération* écrivait le 5 avril 1975 : « Tout ce que le music-hall a de plus vieillot, de plus cocardier, de plus poussiéreux, de plus réac. Un spectacle qui sent le pipi de chat et la vieille rosette racornie. »

Ce 27 novembre, à la faveur de sa panthéonisation, le même *Libération* écrit : « Icône féministe et antiraciste, symbole éternel (*sic*) de liberté dans une France où ces valeurs sont aujourd'hui mises à mal. »

Il est vrai qu'en 1975 *Libération* célébrait sans mesure la pédophilie de Gabriel Matzneff et de Tony Duvert et que la sodomisation des petits garçons était alors un « symbole éternel de liberté dans une France où ces valeurs sont aujourd'hui mises à mal ».

Lundi 29 novembre

Se faire voir chez les Grecs

Canopé, l'éditeur officiel des ressources pédagogiques de l'Éducation nationale, fournit du matériel pédagogique à ses enseignants dans la perspective de les amener à « maîtriser le vocabulaire lié aux identités de genre ». Il leur faut donc faire

« connaître les préfixes d'origine grecque ou latine et en comprendre l'importance dans le vocabulaire français ». Des exemples ? Bien sûr, pas besoin de contraindre le professeur à les chercher lui-même, on les lui fournit : « Recherche l'étymologie et la signification des préfixes "hétéro", "homo", "trans", "cis", "inter" et "bi". »

Un autre exercice consiste à repérer les stéréotypes dans une image. Le corrigé aide l'enseignant demeuré : « Les stéréotypes à repérer sont : les couples hétérosexuels ; la mariée en blanc dont la petite fille tient la traîne, suggérant une filiation ; l'idée que son destin est également de se marier, d'où la présence du petit garçon en costume comme le mari ; la mère qui pleure, les femmes seraient ainsi plus "sensibles et émotives". »

Ce fascicule dans lequel est répandu ce catéchisme montre que les priorités scolaires ne sont plus d'apprendre à lire, écrire, compter, penser, mais ingérer l'idéologie woke. Il a pour titre *Éducation et LGBTI+. Propositions d'activités pédagogiques pour le collège.*

Pourquoi les militants hétérophobes ont-ils écarté l'étymologie latine de « con » et de ses dérivés « connard », « connasse », « déconner », « conifier » ?

Lundi 29 novembre

Un barbare chez Montaigne

Dans un quartier chic de Paris, le VIe arrondissement, un lycéen de seconde âgé de quinze ans a frappé son professeur de mathématiques au lycée Montaigne, une femme, en lui infligeant une plaie de cinq centimètres au front et plusieurs hématomes au visage. Le motif? la brute n'avait pas rendu son devoir et son enseignante le lui demandait, ce qui, bien sûr, justifie les coups et blessures.

Le père du barbare a expliqué qu'il divorçait d'avec sa femme et que cela mettait du beurre dans les épinards conceptuels de la défense. Les juges n'auront qu'à se baisser pour ramasser ces éléments de langage dans le caniveau.

La presse n'a pas donné le patronyme de la brute qui suit des cours de lutte et de MMA, des arts martiaux mixtes où tous les coups sont permis.

Mardi 30 novembre

Un nouveau Reich de mille ans

L'Europe travaille ardemment à la même propagande. Dans un document interne intitulé *Lignes directrices de la Commission européenne pour une communication inclusive*, le béotien apprend qu'il faut abolir les références au genre, donc ne plus dire « madame », « mademoiselle », « monsieur », bannir le mot « Noël », mais également effacer de la surface du pays les prénoms « Jean » et « Marie » – rien n'est dit sur « Jean-Marie » … De même, il ne faut pas utiliser « citoyen », car « tous les citoyens de l'UE ne sont pas des citoyens ». Par ailleurs, il faut également « éviter de lier le concept de famille à un statut juridique ». La commissaire à l'Égalité enfonce le clou : « Nous devons toujours proposer une communication inclusive, en veillant à ce que chacun soit valorisé et reconnu dans tous nos supports indépendamment de son sexe, de sa race ou de son origine ethnique, de sa religion ou de ses convictions, de son handicap, de son âge ou de son orientation sexuelle. »

Certes, mais Jean Dupont, un Blanc né dans le Cantal, marié à Marie Duval, une Blanche née en Bretagne, catholiques non pratiquants, ne souffrant d'aucun handicap physique ou mental, ni autistes ni unijambistes, père et mère d'un fils nommé Marc et d'une fille nommée Madeleine, fabriqués sans l'aide d'un laboratoire médical et nullement offerts par la Sécurité sociale, donc des enfants non achetés, non vendus, non portés dans l'utérus loué d'une femme esclave, votant tous les deux pour un candidat souverainiste, lui à droite, elle à gauche, ont intérêt à numéroter leurs abattis ! Dans l'idéal européiste, ces gens-là ne devraient pas ou plus exister.

Dommage qu'on ne puisse plus franchement ouvrir des camps de rééducation, de concentration, sinon pour tel ou tel incandescent de cette idéologie d'extermination, non ?

Mardi 30 novembre

Propagandastaffel im Paris

Delphine Ernotte, patronne de la télévision du service public, grande prêtresse du politiquement correct, affirme dans *Le Figaro* : « Nous sommes le patrimoine culturel gratuit (*sic*) et commun de tous les Français. » Premier mensonge : *quid* de la redevance obligatoire ?

Au journaliste incapable de lui en faire le reproche mais qui prétend rapporter le reproche qu'on lui fait « d'utiliser la redevance publique pour suivre une ligne politique », elle répond : « À France Télévisions, toutes les opinions sont les bienvenues. À la tête du groupe, je suis la garante de cette liberté d'expression, du débat et du pluralisme. Contrairement aux réseaux et aux médias d'opinion qui enferment dans des bulles, nous créons du lien et apportons de la nuance en tout. » Deuxième, troisième, quatrième mensonge. C'est fou de pouvoir tant mentir en si peu de mots : une phrase, un mensonge, une idée, un mensonge, un avis, un mensonge.

Cette centralienne venue du privé évince, congédie, vire, clame sa haine des hommes blancs, distribue des primes aux journalistes engagés dans la propagande de l'Europe diversitaire et islamophile, émarge grassement, cette femme blanche de cinquante-cinq ans, donc, est tout sauf une femme qui aime le débat, le pluralisme et la nuance… Une motion de défiance jadis votée à 84 % contre elle par le personnel témoigne.

La nuance, la liberté d'expression, le débat et le pluralisme chez France Télévisions, c'est la nuance, la liberté d'expression, le débat et le pluralisme aujourd'hui à Moscou, Istanbul, La Havane, Pyongyang, l'hypocrisie en plus.

Mardi 30 novembre

No sport !

La Fédération internationale de pentathlon moderne annonce la disparition de l'équitation. On se tâte chez les sportifs pour savoir quelle cinquième discipline complétera l'épreuve. Ainsi les bêtes ne seront pas utilisées, gage donné aux végans, végétariens et autres amis des animaux. Il faut, dit-on, un sport accessible à tous dans tous les pays.

Certains ont sérieusement proposé la trottinette…

Quel Pindare du XXIe siècle célébrerait avec ses vers le victorieux de l'épreuve olympique de trottinette ? Francis Lalanne ?

Mardi 30 novembre

La science pour les nuls

9 % des Français estiment que la Terre est plate.

La sourate 15 du Coran nous enseigne que la Terre est plate.

Mais ça n'a bien sûr rien à voir.

DÉCEMBRE

Vendredi 3 décembre

Les ordures de Londres

Sadiq (*sic*) Khan, le maire musulman de Londres, ne doit probablement pas aimer les caricatures de son prophète, mais il n'est pas contre celles de Noël.

Il a en effet installé un sapin sur le balcon de sa résidence dans un quartier chic. Cet arbre politiquement correct se présente sous la forme d'une collection d'ordures emprisonnées dans un sac conique qui rappelle la forme du sapin.

Voici comment la chose se trouve justifiée : « Les matériaux utilisés proviennent de balayeurs de rues et d'organisations de gestion des déchets, afin de mettre en évidence la quantité de déchets produits pendant la période des fêtes. »

Cet élu ne craint pas la colère des chrétiens, ni même leur vengeance, encore moins leurs attentats. Il ne reste plus aux chrétiens de Londres qu'à allumer des bougies, déposer des peluches et affirmer : « Vous n'aurez pas ma haine. »

À vaincre sans péril, Sadiq triomphe sans gloire.

Lundi 6 décembre

Un père Noël noir

À Paris, capitale de toutes les élégances, se tient un marché de Noël avec « une sélection pointue d'objets mode, déco, produits de beauté mais aussi de la littérature et des gourmandises de créateurs.trices africains.es. et afro-descendante.es pour [les] emplettes de Noël ». L'association à l'origine de ce marché racialiste a pour nom : « Je consomme noir. »

Ça ne ressemblerait pas à de l'appropriation culturelle tout ça ?

Mercredi 8 décembre

Osez Joséphine

Peut-être *Libération* va-t-il ajouter un codicille à son article du 27 novembre, car on apprend que Joséphine, qui sentait le pipi de chat en 1975 et devenue une icône féministe et antifasciste en 2021, était aussi bisexuelle dans sa vie et homophobe.

Elle a en effet chassé l'un de ses fils homosexuel de sa maison en craignant qu'il ne contamine ses frères.

Ne faudrait-il pas dès à présent songer à la sortir du Panthéon ?

Mercredi 8 décembre

Foi d'écolo !

Après avoir invité à respecter les animaux liminaires et à vivre avec eux, les rats, les punaises de lit à Strasbourg, les écologistes, ceux de Lyon cette fois-ci, prennent le parti des oies et des canards en bannissant le foie gras des réceptions municipales au nom du « bien-être animal ».

Prochaine étape éthique : l'interdiction de manger les rats et les punaises de lit.

Mercredi 8 décembre

Être et ne pas être

Au micro de France Inter, Radio-Paris, le porte-parole du gouvernement annonce : « On constate peut-être un début de ralentissement de l'épidémie. Mais il y a toujours une augmentation, et elle est forte. »

Les limites du en même temps…

Mercredi 8 décembre

Manipulateur Ier

En déplacement électoral à Vichy avec l'argent du contribuable, Emmanuel Macron affirme : « Gardons-nous de manipuler, d'agiter, de revoir l'histoire. »

Une petite idée pour la prochaine manipulation macronienne : Oradour-sur-Glane ?

Ah non ça a déjà été fait il y a cinq ans…

Mercredi 8 décembre

Le festival de Brive

La direction de l'hôpital de Brive a engagé des comédiens pour tester la qualité de l'accueil dans ses services. Alors que la politique vaccinale française pallie le manque d'hôpitaux et de personnel, c'était une idée de génie de faire appel à des acteurs pour simuler des maladies aux urgences.

On espère que le directeur des ressources humaines aura de la promotion. Peut-être même une Légion d'honneur remise par le ministre de la Santé.

Mercredi 8 décembre

En même temps

D'Emmanuel Macron ce 8 décembre : « Gardons-nous de manipuler, d'agiter et de revoir l'histoire. »

D'Emmanuel Macron, le 18 avril 2021 : « Nous devons déconstruire notre propre histoire. »

Cet homme ne porte pas par hasard deux alliances.

Jeudi 9 décembre

Âne Hidalgo

Une image des communicants de la candidate socialiste aux présidentielles Anne Hidalgo la montre sur un fond rose avec ce texte : « Anne Hidalgo, est la première candidate à réunir 500 parrainnages. » En plus de cette virgule malvenue avant le verbe, cet intempestif doublement de consonne fait mauvais genre... « Hidalgo présidente ! » dit la suite.

Le faudrait-il, vraiment ?

Jeudi 9 décembre

Big Brother est déjà là

YouTube restreint le visionnage de la vidéo de candidature d'Éric Zemmour aux plus de seize ans sous prétexte qu'elle contient des « contenus choquants ou violents », à savoir les scènes de tabassage dans les banlieues.

Les Gafam, on le sait, on le voit, se battent pour un monde meilleur dans lequel on ne verrait en information continue que les spectacles de Disneyland.

Vendredi 10 décembre

She too

La romancière américaine Alice Sebold écrit dans ses Mémoires en 1981 qu'elle a été violée par un homme qu'elle dit avoir reconnu et qui, pour ce fait, a été condamné à seize ans de prison. Elle a écrit des livres primés pour raconter cette histoire de viol. Ils sont traduits en français et publiés en poche. Un film en a été tiré.

Dans un billet publié sur un site elle se rétracte et écrit : «Je veux dire à Anthony Broadwater : je suis réellement désolée (*sic*) et je regrette profondément ce que vous avez enduré.» Puis : «Je suis désolée surtout du fait que la vie que vous auriez pu mener vous a été injustement volée, et je sais qu'aucune excuse ne peut ni ne pourra jamais changer ce qui vous est arrivé.»

Pour être crédible et réparer tant soit peu, elle pourrait peut-être proposer de faire elle aussi une peine de seize ans de prison pour avoir volé tant d'années à un homme innocent !

Vendredi 10 décembre

Butin mondain

Dans un *live* sur le Net Houria Bouteldja, en compagnie de quelques décoloniaux de son acabit, s'est réjouie d'avoir embarqué Jean-Luc Mélenchon dans son sillage wokiste. « Dans ce magma, dit-elle, il y a un butin de guerre (*sic*) qui s'appelle Mélenchon. Il a fait un choix, on revient de loin. » Quel choix? demande un militant d'extrême gauche. Réponse : Mélenchon qui « était une espèce de laïcard de dingue » alors qu'aujourd'hui, précise-t-elle, « il dit des choses qu'il n'aurait jamais dites il y a quinze ans ».

On ne le lui fait pas dire…

Vendredi 10 décembre

Bijoux de famille

La France envisage de vendre un ancien couvent royal qui s'avère une dépendance du château de Versailles construite par Mansart. Il est prévu d'y faire un hôtel.

Pourquoi juste vendre une dépendance? Tout Versailles ce serait quand même beaucoup plus classe !

Vendredi 10 décembre

Fou dingue

Un lycéen a été envoyé par son enseignant en consultation chez la psychologue de l'établissement au motif qu'il soutenait Trump et la réforme constitutionnelle de Poutine.

Qui précisera au prof que c'est bien plutôt à lui de s'y rendre ?

Samedi 11 décembre

Le conique troupier

L'an dernier il avait chanté une ode au sapin en estimant qu'il ne fallait plus en couper pour le Noël de la ville. Le maire de Bordeaux, Pierre Hurmic, a signé la charte des droits de l'arbre qui stipule : « L'arbre a le droit (*sic*) au respect de son intégrité physique, aérienne et souterraine. Il doit être respecté tout au long de sa vie, avec le droit de se développer et se reproduire librement, de sa naissance à sa mort naturelle, qu'il soit arbre des villes ou des campagnes. L'arbre doit être considéré comme sujet de droit (*sic*), y compris face aux règles qui régissent la propriété humaine. »

Cette année, le nouveau maire écologiste de Bordeaux tranche le nœud gordien : il installe, non pas pour Noël, le mot est lui aussi interdit, bien que l'édile vert aille à la messe, mais pour

« les fêtes », une œuvre d'art conique de onze mètres de haut et de quatre tonnes de verre et d'acier.

Pour éviter la solitude du sapin d'acier qui, sinon, aurait passé Noël tout seul, le maire a fait planter autour pas moins de dix arbres. Pelleteuses, marteaux-piqueurs, élévateurs, grues et camions ont tourné pendant des semaines pour installer le tout, et ce, bien sûr, pour réduire le réchauffement de la planète !

Dimanche 12 décembre

L'huître et la plaideuse

La presse titre : « Près de deux cents personnes rassemblées à Paris pour réclamer une primaire à gauche ». *Près de* c'est-à-dire *pas même.* Ces militants qui tiennent dans trois autobus aspirent à une candidature unique de la gauche. Le slogan ? « Un.e candidat.e, pas cinq égoïstes. »

Résultat ? Un.e sixième égoïste y songe : Christiane Taubira qui, après avoir voté l'investiture à Balladur en 1993, puis compagnonné avec Bernard Tapie dans les années Mitterrand, après avoir été condamnée pour licenciement injustifié, puis pour prise illégale d'intérêt, enfin inquiétée pour avoir laissé longtemps croire qu'elle était titulaire de doctorats qu'elle n'a jamais eus, cette ex-ministre de la Justice de gauche, s'avère en effet la mieux à même de réunir les miettes politiques de cet empire défunt !

Dimanche 12 décembre

Dieu bon

À Nanterre, une procession catholique a été interpellée par une dizaine d'individus qui ont craché, vociféré, insulté les croyants qu'ils ont aussi aspergés d'eau. L'un d'entre eux a dit : « Wallah sur le Coran je vais t'égorger. » Le curé explique ce qu'est la procession. On lui répond : « Ici c'est la terre d'Allah, cassez-vous. » Une bousculade s'ensuit.

Le Coran qui enseigne une religion de paix, de tolérance et d'amour, comme on nous le rabâche à longueur de journée sur le service public avec l'argent du contribuable, ce ne serait donc pas si vrai que ça ?

Dimanche 12 décembre

Satan mène le bal !

En Espagne, le plus jeune évêque du pays démissionne pour épouser une femme auteur de romans érotico-sataniques.

Les voies du Seigneur sont impénétrables.

Dimanche 12 décembre

Le végan coranique

Un quart des députés iraniens ont signé un texte pour en finir avec la vie des hommes en compagnie d'animaux domestiques. Leur crainte ? Que cette pratique parvienne à « changer progressivement le mode de vie iranien et islamique [en] remplaçant des relations humaines et familiales par des relations émotionnelles avec les animaux ». La proposition de loi veut interdire « d'élever, d'acheter ou de vendre, de transporter à bord d'un véhicule ou à pied et de garder chez soi des animaux sauvages, exotiques, nuisibles et dangereux ». Voici la liste des animaux incriminés : « les crocodiles, les tortues, les serpents, les lézards, les chats, les souris, les lapins, les chiens et autres animaux impurs ainsi que les singes ».

Voilà une nouvelle occasion pour le gauchisme woke d'un compagnonnage islamo-gauchiste.

Dimanche 12 décembre

« Vote connard ! »

La Nouvelle-Calédonie reste française. Ça n'est pourtant pas faute d'avoir violé la démocratie afin que les indépendantistes gagnent les élections ! Car, pour voter à ce troisième référendum, je dis bien : troisième, il fallait avoir des parents nés sur le territoire et y vivre depuis vingt ans.

Il eût été bien plus simple de n'autoriser que les indépendantistes à voter, voire de récupérer l'ADN des électeurs pour y retrouver une trace aborigène valant carte d'électeur.

Imagine-t-on dans l'Hexagone des votes où il faudrait attester deux décennies de présence française et des parents nés sur place pour avoir le droit de se prononcer ?

Peu probable…

Dimanche 12 décembre

Désaccords de Nouméa

Sachant que, malgré ces tripatouillages administratifs et électoraux, ils perdraient ce troisième référendum comme ils ont perdu les deux premiers, les indépendantistes calédoniens avaient appelé à ne pas se rendre aux urnes en prétextant l'épidémie de covid qui ne permettait pas de faire campagne, le FLNKS ne reconnaît pas les résultats de cette troisième élection.

Rappelons que cette campagne dure depuis le siècle dernier – 1998 pour être précis…

Post-scriptum : sans surprise Mélenchon soutient les mauvais perdants. À charge de revanche quand on annoncera ses résultats au soir du premier tour des présidentielles prochaines ?

Mardi 14 décembre

Bas le masque

Jacques Attali reçoit une équipe de télévision YouTube chez lui. L'équipe porte le masque; pas lui. À trois ou quatre mètres de son auguste personne, celui de la jeune fille qui l'interroge glisse sous son nez et ne couvre plus que sa bouche. Tout en continuant de parler, il lui fait signe de le remettre puis, comme elle ne comprend pas son geste énigmatique, il le lui fait savoir clairement.

Lui peut contaminer, mais pas question que la populace lui rende la pareille.

Mardi 14 décembre

Les petits souliers

L'évêque de Noto en Italie rencontre les élèves d'une école à l'occasion de la fête de saint Nicolas. Il leur dit que le père Noël n'existe pas. Tollé dans les familles. Le voilà contraint de s'excuser...

Il peut dire que Jésus est né d'une mère vierge, qu'il est mort crucifié mais ressuscité trois jours plus tard et que depuis il vit au ciel, ce genre de fariboles n'émeut personne, mais nier l'existence du père Noël, c'est sacrilège !

Que n'est-il aussi lucide avec Jésus qu'avec le père Noël !

Mercredi 15 décembre

Bonnet d'âne

La Cour des comptes estime « médiocres » les résultats scolaires français malgré un considérable effort budgétaire et de nombreuses réformes.

Encore une institution d'extrême droite !

Mercredi 15 décembre

Faim de races

Des séminaires de « sociologie de la race » sont proposés aux étudiants de Sciences Po du campus de l'université de Poitiers. On peut assister à des cours sur « la blanchité dans l'hégémonie raciale », « les principes du constructivisme racial », « Décrire une race ? Une approche qualitative de la racialisation », « Race, nation, colonialité », « Intersections : genre et sexualité dans les constructions raciales ».

Un petit colloque sur l'*Essai sur l'inégalité des races humaines* de Gobineau est-il au programme ? Goebbels eût fortement apprécié…

Mercredi 15 décembre

Triomphe des pédophiles

L'ex-ministre de l'Intégration et du Logement du Danemark, Inger Støjberg, vient d'être condamnée à deux mois de prison ferme. Pour quel motif? Elle a séparé vingt-trois couples de migrants dont les épouses étaient mineures, donc possiblement victimes de mariages forcés. Son collègue ministre des Finances a chargé la barque en affirmant : « Soixante jours, c'est une peine sévère, mais (*sic*) il est important que les mensonges et la démagogie ne puissent faire fléchir la loi. »

Il existe donc de bonnes raisons d'être pédophile au Danemark? On aimerait les connaître... On apprécierait aussi un soutien des néoféministes françaises.

Mercredi 15 décembre

Vatican MDCCXCIII

Dans un lycée professionnel catholique sous contrat, un enseignant a été suspendu pour avoir fait de l'humour... Mais il est vrai que c'était un humour qui ne devait rien à celui de France Inter.

Laissons la parole au professeur : « J'enseigne le droit et l'histoire juridique qui est beaucoup rattachée au catholicisme et à la chrétienté. Une élève me dit qu'il n'y a pas de religion en France (*sic*), que la seule qui existe (*sic*), c'est la laïcité. Je lui rappelle qu'on est dans un établissement catholique, qu'à une époque des prêtres et des sœurs enseignaient à ma place et que les élèves étaient catholiques. Et, au second degré, je dis que si des musulmans le veulent, ils peuvent nous rejoindre. » Il conclut : « L'humour n'est pas bien passé. » Des élèves l'ont bousculé et insulté.

Que croyez-vous qu'il advint ?

Courageux mais pas téméraire, le directeur l'a convoqué pour lui dire « de ne plus manier ce genre d'humour. D'abord parce que ce sont des sujets sensibles et ensuite parce qu'il s'adresse à des adolescents. Cela n'a pas sa place ».

La famille de l'élève musulman a porté plainte. L'enseignant a été mis en examen pour « incitation à la discrimination raciale ou religieuse », « harcèlement moral » et « dénonciation mensongère ». Pour l'heure placé sous contrôle judiciaire avec interdiction de pratiquer son métier, il attend sa comparution en correctionnelle.

Avec la bénédiction de la direction catholique.

Mercredi 15 décembre

Qui sont les Vandales ?

Le ministère de l'Intérieur donne les chiffres des actes antireligieux : 1 052 contre les chrétiens, 687 contre les juifs, 154 contre les musulmans.

Encore un ministère d'extrême droite…

Mercredi 15 décembre

Grossophiles

Voici venir une nouvelle version de *La Belle et la Bête.* On la doit aux Américains du Olney Theatre Center. Sans surprise la Belle est une jeune fille noire, obèse et queer. La directrice de la production de cette pièce de théâtre donne ses raisons : « Ainsi, toutes les petites filles peuvent rêver qu'elles sont aussi des princesses. »

Toutes, y compris la petite fille hétérosexuelle blanche et mince qui ne mange ni beurre de cacahuètes ni hamburger et qui ne boit pas de Coca-Cola ?

Mercredi 15 décembre

Vert de gris

Sandrine Rousseau, Taha Bouhafs et Assa Traoré radieux sur une photo à la fête de l'Humanité.

Le deuxième a diffusé de fausses informations concernant un étudiant qui aurait été blessé par la police, il a fait de l'humour sur Finkielkraut privé de petits fours lors dîner du CRIF, une nette filiation avec l'humour de Jean-Marie Le Pen, il a été condamné pour injure raciste après avoir traité une syndicaliste policière d'origine maghrébine d'« Arabe de service » ; la troisième est bien connue, elle et les siens…

L'écologiste en fait d'« infatigables militants pour la vérité (*sic*) et la justice (*sic*) ». Elle conclut : « Tout mon soutien dans ces combats. »

La planète va mal, en effet.

Jeudi 16 décembre

Faire signe

Le tribunal administratif de Nantes enjoint à la commune des Sables-d'Olonne en Vendée de retirer une statue de saint Michel installée sur une place publique sous prétexte que la loi de 1905 interdit « l'installation dans l'espace public d'un signe ou d'un emblème manifestant la reconnaissance d'un culte ou marquant une préférence religieuse » (cf. 23 novembre).

Les curés de la laïcité, à l'origine d'une plainte, n'estiment pas que les mosquées soient des signes ou des emblèmes qui manifestent la reconnaissance d'un culte ?

Des signes trop gros pour être vus ? La libre-pensée est rarement une pensée libre. Quoi qu'il en soit, elle s'avère désormais franchement wokiste.

Jeudi 16 décembre

Quand ils entendent le mot « culture »

Sachez que « les appels à projets internationaux en biologie et en physique exigent désormais une déclaration relative aux effets positifs du projet sur la lutte contre la discrimination due au genre». Est-ce à dire que, si un homme blanc, catholique, découvrait un remède contre le cancer permettant d'éradiquer définitivement cette calamité de la planète, il faudrait y regarder à deux fois? et peut-être même crier haro sur la blanchitude du scientifique?

Comme il y eut une science juive chez les nationaux-socialistes, une science bourgeoise chez les marxistes-léninistes, voici venue une science blanche chez les wokistes!

Vendredi 17 décembre

Lulu Castaner

Socialiste pendant trente ans, Christophe Castaner, ancien ministre de l'Intérieur macroniste qui, entre une soirée en boîte de nuit en galante compagnie et un passage en dilettante place Beauvau, envoyait les forces de l'ordre cogner les Gilets jaunes, aujourd'hui patron du groupe macroniste à l'Assemblée, estime que l'élection présidentielle n'est qu'une «élection locale» parce que la France n'est qu'un «élément de l'Europe».

C'est drôle comme les petits rapetissent tout ce qu'ils touchent et les tout petits invisibilisent ce sur quoi même ils posent leur regard.

Dimanche 19 décembre

Miss Trans

Bonne nouvelle : les transsexuelles vont pouvoir concourir à la prochaine élection Miss France.

Toutefois, pour une plus grande égalité, il faudrait que les unijambistes, les femmes-troncs, les femmes à barbe, les naines, les géantes, les centenaires, les pétomanes, voire les acéphales – j'ai des noms – le puissent aussi.

Mercredi 22 décembre

Le triomphe d'Hitler

Un professeur d'allemand et de civilisation allemande de Sciences Po Grenoble qui avait dénoncé l'amalgame racisme-antisémitisme-islamophobie proféré par des étudiants wokistes a été suspendu !

Les juges viennent donc de faire savoir à tout le monde que les musulmans sont traités comme les juifs pendant l'Occupation.

Chacun voit en effet tous les jours les rafles, les arrestations, les convois, les parcages, les internements dans des camps de concentration et d'extermination, les fumées qui sortent de ces usines de la mort où l'on gaze et incinère des millions de musulmans depuis des mois.

Jeudi 23 décembre

J'ai les boules

Dans les rues de Caen, les bus qui passent arborent en lettres d'or : « Joyeuses Fêtes ».

Je propose pour l'an prochain qu'une police de la pensée verbalise quiconque utiliserait encore le mot « Noël ».

Samedi 25 décembre

Rabelais, reviens

Le journaliste politiquement correct Daniel Schneidermann estime qu'on peut rire des Noirs si l'on est noir, des Juifs si l'on est juif, des gros si l'on est gros, des chauves si l'on est chauve, des handicapés si l'on est handicapé, des femmes si l'on est femme, des homosexuels si l'on est homosexuel.

Mais les cons alors, quelle autorité morale décidera qui pourra en rire ?

Dimanche 26 décembre

Pensée magique

Sur CNEWS, dans l'émission *En quête d'esprit*, le père Jean-Pascal Duloisy, exorciste du diocèse de Paris, répond « oui », comme Juliette Binoche, à la question : « Les anges sont-ils de retour ? » Il ajoute : « Ne pas croire aux anges, c'est déraisonnable. »

Que la production les invite sur le plateau, ce serait raisonnable !

Lundi 27 décembre

Wallah

Le rappeur lyonnais Denis Albash publie une vidéo dans laquelle il dit, à propos d'un homosexuel : « Moi personnellement je lui arrache la tête. Wallah, même si c'est mon fils. » Le poète sollicite la réaction de ceux qui le suivent. En voici un florilège : « Je lui [mets] une balayette laser et je lui casse les rotules », ou bien : « Si mon mari le tue pas, je le fais moi-même », ou encore : « Je l'égorge et je le mets au barbecue. »

Devant le tollé, le rappeur a supprimé sa vidéo et précisé : « Tout ça c'était pour rigoler. »

Le journaliste Daniel Schneidermann (cf. 25 décembre) poserait la question : Denis est-il homosexuel ? Si non, c'est pas drôle…

Vendredi 31 décembre

En même temps

Flammarion, l'éditeur du roman de Michel Houellebecq *Anéantir*, accompagne le livre d'une feuille volante sur laquelle on invite l'heureux destinataire du volume convoité à ne pas faire état du livre avant le 7 janvier. Il est également précisé qu'aucun entretien ne sera donné aux journalistes.

Le Monde fait savoir ce 31 décembre : « L'écrivain, star mondiale de la littérature française contemporaine, se confie au *Monde* en exclusivité, peu avant la parution, le 7 janvier, d'*Anéantir*, son nouveau roman. Premier volet d'une rencontre (*sic*) en deux parties. »

Peut-être aurait-il fallu préciser qu'aucun entretien ne sera donné… en 2021.

APPENDICE
Des nouvelles du Bas-Empire

À la faveur d'un nettoyage de mon iPhone j'ai retrouvé ces notes prises en 2016. Il manque un numéro 3 disparu dans l'ombre numérique.

La chose était pensée comme un journal de bord du nihilisme de notre époque.

1. Tirage au sort d'étudiants en médecine dans un pays qui manque d'étudiants en médecine.

2. Une femme indienne de soixante-dix ans et un homme de soixante-dix-neuf viennent de donner naissance à un enfant fabriqué par PMA.

4. Projet de donner leurs diplômes de philo à des étudiants grévistes depuis plusieurs mois.

5. Najat Vallaud-Belkacem promeut les machines à lire pour apprendre à lire dans les écoles primaires.

6. Denis Baupin, vice-président écologiste du Sénat, avait arboré du rouge à lèvres lors d'une journée en faveur des femmes. Il tombe pour harcèlement sexuel.

7. Léa Salamé, bonne conscience de gauche dans les médias dominants, a été arrêtée au volant sans permis et sans assurance. Elle vient d'avoir de la promotion dans le service public.

8. Animateur de Canal +, normalien, agrégé, jadis gendre putatif de François Mitterrand, Ali Baddou trouvait le permis « trop long, trop dur (*sic*), trop cher ». Il l'a donc acheté.

9. Journée fête de l'autoroute. Fermeture de tronçons sur lesquels il y aura : concours d'échasses, piscine, musique, initiation aux arts de la rue.

10. Suicide d'une jeune fille de dix-neuf ans qui se met en scène en train de sauter sous le train via Periscope. D'aucuns accusent l'application vidéo.

11. Bruce Jenner, ancien décathlonien médaillé aux Jeux olympiques de 1976, est devenu femme et animatrice de télévision en 2015 sous le nom de Caitlyn Jenner. Elle veut redevenir homme.

12. Les écologistes vont proposer des « ateliers d'autodéfense » sexuelle à l'occasion de leur université d'été.

13. L'Élysée communique pour rendre positive la présidence de Hollande. Dans l'une de ces propagandes, « Guyane » est orthographié avec deux *n*. La faute a été corrigée avec une précision : il s'agissait d'une « erreur d'encodage ».

14. Cent cinquante scientifiques, avocats et entrepreneurs se sont rencontrés à huis clos à Harvard à propos de la création d'un « génome humain synthétique ».

15. Au festival de Cannes, haut lieu du degré zéro de la pensée, le fin du fin consiste à se faire photographier en train de faire un doigt d'honneur. Derniers subversifs en date : Iggy Pop et Jim Jarmusch.

16. Le rappeur Booba dit qu'il ne lit pas, mais que ses vers sont meilleurs que ceux de Verlaine. Il est invité à donner une conférence à Harvard.

17. Des institutrices d'une école primaire de Gironde ont transformé « la traditionnelle fête des Pères et des Mères » en « fête des Gens qu'on aime ».

18. Obama à Hiroshima : « Il y a soixante-dix ans la mort est tombée du ciel. »

19. Najat Vallaud-Belkacem, ministre franco-marocaine de l'Éducation nationale, souhaite instaurer au plus vite l'apprentissage de l'arabe dès le cours préparatoire.

20. Une famille canadienne porte plainte contre une banque de sperme qui l'a trompée sur la marchandise. Le donneur présenté comme doté d'un QI de 160 et titulaire d'un master et qui travaillerait sur une thèse en neuroscience était en fait un délinquant drogué ayant fait de l'hôpital psychiatrique. Il est père de trente-six enfants.

21. Parlant des terroristes, Michel Schneider, psychanalyste, estime que « c'est toujours, sur soi-même, projeté, renié, haï, que l'on tire quand on tue ».

22. Des candidats au bac d'anglais lancent une pétition parce qu'on leur demandait dans quelle ville des États-Unis se trouvait Manhattan. Ils exigent l'annulation d'une partie de l'épreuve ou une modification du barème de points.

23. « La question de l'homme dans les genres de l'argumentation du XVIe siècle à nos jours » est le sujet de français proposé par le ministère de l'Éducation nationale qui précise ceci : « La littérature

sera envisagée ici comme l'indice, le lieu et le moyen convergeant (à l'intersection de la philosophie, de l'histoire, de l'histoire des arts et bien sûr de la poétique) d'une réflexion problématisée et historicisée sur la situation de l'homme à travers les siècles. » Le jour de l'épreuve, les mots : « véhémence », « apologie » et « invectives » ont été définis pour les élèves.

24. Suicide d'un militaire aux Galeries Lafayette : à l'initiative du gouverneur militaire de Paris, une cellule de soutien psychologique a été ouverte pour les collègues du militaire.

25. Sur le portail de ressources de l'Éducation nationale, apprendre une langue se dit : « aller de soi et de l'ici vers l'autre et l'ailleurs ». Rédiger un devoir : « produire un message à l'écrit ».

26. L'équipe de France de football échoue à remporter l'Euro. Elle est invitée à l'Élysée par François Hollande.

27. La mère d'Abdel Malik Nabil Petitjean, le terroriste qui a égorgé un prêtre à Saint-Étienne-du-Rouvray, estime que ça ne peut pas être lui, car il ne peut faire ce genre de « conneries à deux balles ».

28. Le pape renvoie dos à dos la violence des terroristes du djihad islamique et la violence conjugale dans les couples chrétiens. Il estime également que leur désir d'exporter l'islam sur toute la planète équivaut à celui que prêchait saint Matthieu qui invitait à répandre la parole chrétienne.

29. À Reims, un camp dit « décolonial » interdit aux Blancs se propose de lutter contre le racisme.

30. Les socialistes ont eu une ministre de la Culture incapable de citer un titre de Modiano après avoir déjeuné avec lui la semaine de son prix Nobel. Ils l'ont remplacée par une autre qui publie un communiqué lors de la mort de Butor auteur de… *La Considération. Considération* au lieu de *Modification* constitue une « malencontreuse coquille » selon le ministère.

31. Se sentant humiliée par les quelque cinq cents clichés postés par ses parents sur un réseau social, une jeune Autrichienne a décidé de leur intenter un procès.

32. Le Conseil de Paris a voté lundi soir un vœu présenté par le groupe écologiste : la création d'un espace naturiste dans la capitale.

33. Le footballeur Pascal Olmeta a chassé l'éléphant au Zimbabwe pour « participer à la pérennité de l'espèce ».

34. Une artiste japonaise de trente-trois ans, Ai Hasegawa, souhaite que les femmes accouchent de requins pour lutter contre la faim dans le monde. « En donnant naissance à un animal comestible en voie de disparition, ceci aiderait aussi à prévenir son extinction », dit-elle.

35. Une mère de famille dans le Var va porter plainte contre l'Éducation nationale parce que son fils de douze ans souffre de « phobie scolaire », une pathologie qui concerne entre 1 et 3 % des enfants.

36. Une jeune infirmière de vingt-neuf ans loue ses seins 100 € par séance pour allaiter les bébés des couples homosexuels masculins.

Bouquins essai

Léon Blum, *Du mariage*
Sébastien Bohler, *Human psycho*
Collectif des 40, *Manifeste pour une échelle humaine*
Jean-Louis Debré, *Quand les politiques nous faisaient rire*
Nelly Garnier, *La Démocratie du like*
Blanche Leridon, *Odyssées ordinaires. Le matin mode d'emploi*
Edgar Morin, *Histoire (s) de vie. Entretiens avec Laure Adler*
Michel Onfray, *La Conversion. Vivre selon Lucrèce*
Michel Onfray, *La Nef des fous*
Michel Onfray, *L'Art d'être français*
Pascal Ory, *De la haine du Juif*
Céline Pina, *Ces biens essentiels*
Frédéric Potier, *Pierre Mendès France. La foi démocratique*
Jean-Marie Rouart, *Ce pays des hommes sans Dieu*
Laurent-David Samama, *Ils se croient tous présidentiables*
Gabrielle Siry-Houari, *La République des hommes*
Sylvie Taussig, *Le Système du complotisme*
Benjamin Vendrand-Maillet, *Y croire encore*

La photocomposition de cet ouvrage
a été réalisée par
Graphic Hainaut
30, rue Pierre-Mathieu
59410 Anzin

Imprimé en France par CPI
en janvier 2022

MIXTE
Papier issu de
sources responsables
FSC® C003309

L'éditeur de cet ouvrage s'engage dans une démarche
de certification FSC® qui contribue à la préservation
des forêts pour les générations futures.

Pour en savoir plus :
www.editis.com/engagement-rse/

N° d'édition : 63232/01
N° d'impression : 167803